"十三五"全国高等院校民航服务专业规划教材

民航体能训练

主编◎于海亮

Aviation Personnel Physical Training

清华大学出版社
北京

内 容 简 介

作为一名空乘工作者，拥有卓越的体能、良好的形体以及高雅的气质，不仅能提高服务的质量，而且一旦将形体姿态训练内化为生活行为，形成正确优美的形体姿态习惯，还能促进身体健康，建立由内至外的美。体能是机体在先天遗传与后天训练的基础上所形成的在各项活动中承受负荷与适应环境变化的能力，拥有健康身体才能应对繁重的空中工作。本书以全面改善和提升民航专业学生体能为主要目的，以运动解剖学和运动生理学为主要理论体系，结合普拉提运动模式精髓，将繁复的理论隐含在简单易行的练习动作中，力求易学易教，能够快速、全面地提高体能和改善形体。在理论篇章中，阐述了动作设计的理论基础，使练习者能根据自身情况，有针对性地进行锻炼；在实践指导篇章中有大量清晰的示范图片并加上详尽的动作技术细节讲解，方便教师指导操作和学生自我学习，培养学生参与锻炼的自主性，建立终身体育意识。本书源于编者多年健身训练教学的实践经验和研究成果，对于体育教学工作者和体能训练初学者都具有指导意义。

图书在版编目（CIP）数据

民航体能训练/于海亮主编. —北京：清华大学出版社，2018（2021.10重印）

（"十三五"全国高等院校民航服务专业规划教材）

ISBN 978-7-302-49761-5

I. ①民… II. ①于… III. ①民用航空-乘务人员-体能-身体训练-高等院校-教材 IV. ①F560.9

中国版本图书馆 CIP 数据核字（2018）第 037229 号

责任编辑：杜春杰
封面设计：刘　超
版式设计：楠竹文化
责任校对：马军令
责任印制：刘海龙

出版发行：清华大学出版社
　　　　　网　　　址：http://www.tup.com.cn，http://www.wqbook.com
　　　　　地　　　址：北京清华大学学研大厦 A 座　　　邮　　编：100084
　　　　　社 总 机：010-62770175　　　邮　　购：010-62786544
　　　　　投稿与读者服务：010-62776969，c-service@tup.tsinghua.edu.cn
　　　　　质量反馈：010-62772015，zhiliang@tup.tsinghua.edu.cn
印 装 者：三河市国英印务有限公司
经　　销：全国新华书店
开　　本：185mm×260mm　　　印　　张：9.5　　　字　　数：211 千字
版　　次：2018 年 6 月第 1 版　　　印　　次：2021 年 10 月第 8 次印刷
定　　价：39.80 元

产品编号：078432-02

"十三五"全国高等院校民航服务专业规划教材
丛书主编及专家指导委员会

丛 书 总 主 编　刘永（北京中航未来科技集团有限公司董事长兼总裁）

丛 书 副 总 主 编　马晓伟（北京中航未来科技集团有限公司常务副总裁）

丛 书 副 总 主 编　郑大地（北京中航未来科技集团有限公司教学副总裁）

丛 书 总 主 审　朱益民（原海南航空公司总裁、原中国货运航空公司总裁、原上海航空公司总裁）

丛 书 总 顾 问　沈泽江（原中国民用航空华东管理局局长）

丛 书 总 执 行 主 编　王益友［江苏民航职业技术学院（筹）院长、教授］

丛书总航空法律顾问　程颖（荷兰莱顿大学国际法研究生、全国高职高专"十二五"规划教材《航空法规》主审）

丛书专家指导委员会主任

关云飞（长沙航空职业技术学院教授）

张树生（国务院津贴获得者，山东交通学院教授）

刘岩松（沈阳航空航天大学教授）

姚宝（上海外国语大学教授）

李剑峰（山东大学教授）

孙福万（国家开放大学教授）

张威（沈阳师范大学教授）

成积春（曲阜师范大学教授）

厉峻池（美术评论家、著名美术品收藏家）

"十三五"全国高等院校民航服务专业规划教材编委会

出 版 说 明

　　随着经济的稳步发展，我国已经进入经济新常态的阶段，特别是十九大指出：中国社会主要矛盾已经转化为人民日益增长的美好生活需要和不平衡不充分的发展之间的矛盾，这客观上要求社会服务系统要完善升级。作为公共交通运输的主要组成部分，民航运输在满足人们对美好生活追求和促进国民经济发展中扮演着重要的角色，具有广阔的发展空间。特别是"十三五"期间，国家高度重视民航业的发展，将民航业作为推动我国经济社会发展的重要战略产业，预示着我国民航业将会有更好、更快的发展。从国产化飞机C919的试飞，到宽体飞机规划的出台，以及民航发展战略的实施，标志着我国民航业已经步入崭新的发展阶段，这一阶段的特点是以人才为核心，而这一发展模式必将进一步对民航人才质量提出更高的要求。面对民航业发展对人才培养提出的挑战，培养服务于民航业发展的高质量人才，不仅需要转变人才培养观念，创新教育模式，更需要加强人才培养过程中基本环节的建设，而教材建设就是其首要的任务。

　　我国民航服务专业的学历教育，经过18年的探索与发展，其办学水平、办学结构、办学规模、办学条件和师资队伍等方面都发生了巨大的变化，专业建设水平稳步提高，适应民航发展的人才培养体系初步形成。但我们应该清醒地看到，目前我国民航服务类专业的人才培养仍存在着诸多问题，特别是专业人才培养质量仍不能适应民航发展对人才的需求，人才培养的规模与高质量人才短缺的矛盾仍很突出。而目前相关专业教材的开发还处于探索阶段，缺乏系统性与规范性。已出版的民航服务类专业教材，在吸收民航服务类专业研究成果方面做出了有益的尝试，涌现出不同层次的系列教材，推动了民航服务的专业建设与人才培养，但从总体来看，民航服务类教材的建设仍落后于民航业对专业人才培养的实践要求，教材建设已成为相关人才培养的瓶颈。这就需要以引领和服务专业发展为宗旨，系统总结民航服务实践经验与教学研究成果，开发全面反映民航服务职业特点、符合人才培养规律和满足教学需要的系统性专业教材，以积极、有效地推进民航服务专业人才的培养工作。

　　基于上述思考，编委会经过两年多的实际调研与反复论证，在广泛征询民航业内专家的意见与建议、总结我国民航服务类专业教育的研究成果后，结合我国民航服务业的发展趋势，致力于编写出一套系统的、具有一定权威性和实用性的民航服务类系列教材，为推进我国民航服务人才的培养尽微薄之力。

　　本系列教材由沈阳航空航天大学、南昌航空大学、郑州航空工业管理学院、上海民航职业技术学院、长沙航空职业技术学院、西安航空职业技术学院、中原工学院、上海外国语大学、山东大学、大连外国语大学、沈阳师范大学、曲阜师范大学、湖南艺术职业学院、陕西师范大学、兰州大学、云南大学、四川大学、湖南民族职业学院、江西青年职业学院、天津交通职业学院、潍坊职业学院、南京旅游职业学院等多所高校的众多资深专家和学者共同打造，还邀请了多名原中国东方航空公司、原中国南方航空公司、原中国国际航空公司和原海南航空公司中从事多年乘务工作的乘务长和乘务员参与教材的编写。

目前，我国民航服务类的专业教育呈现着多元化、多层次的办学格局，各类学校的办学模式也呈现出个性化的特点，在人才培养体系、课程设置以及课程内容等方面，各学校之间存在着一定的差异，对教材也有不同的需求。为了能够更好地满足不同办学层次、教学模式对教材的需要，本套教材主要突出以下特点。

第一，兼顾本、专科不同培养层次的教学需要。鉴于近些年我国本科层次民航服务专业办学规模的不断扩大，在教材需求方面显得十分迫切，同时，专科层面的办学已经到了规模化的阶段，完善与更新教材体系和内容迫在眉睫，本套教材充分考虑了各类办学层次的需要，本着"求同存异、个性单列、内容升级"的原则，通过教材体系的科学架构和教材内容的层次化，以达到兼顾民航服务类本、专科不同层次教学之需要。

第二，将最新实践经验和专业研究成果融入教材。服务类人才培养是系统性问题，具有很强的内在规定性，民航服务的实践经验和专业建设成果是教材的基础，本套教材以丰富理论、培养技能为主，力求夯实服务基础、培养服务职业素质，将实践层面行之有效的经验与民航服务类人才培养规律的研究成果有效融合，以提高教材对人才培养的有效性。

第三，落实素质教育理念，注重服务人才培养。习近平总书记在党的十九大报告中强调，"要全面贯彻党的教育方针，落实立德树人根本任务，发展素质教育，推进教育公平，培养德智体美全面发展的社会主义建设者和接班人"，人才以德为先，以社会主义价值观铸就人的灵魂，才能使人才担当重任，也是高校人才培养的基本任务。教育实践表明，素质是人才培养的基础，也是人才职业发展的基石，人才的能力与技能以精神与灵魂为附着，但在传统的民航服务教材体系中，包含素质教育板块的教材较为少见。根据党的教育方针，本套教材的编写考虑到素质教育与专业能力培养的关系，以及素质对职业生涯的潜在影响，首次在我国民航服务专业教学中提出专业教育与人文素质并重、素质决定能力的培养理念，以独特的视野，精心打造素质教育教材板块，使教材体系更加系统，强化了教材特色。

第四，必要的服务理论与专业能力培养并重。调研分析表明，忽视服务理论与人文素质所培养出的人才很难有宽阔的职业胸怀与职业精神，其未来的职业生涯发展就会乏力。因此，教材不应仅是对单纯技能的阐述与训练指导，更应该是不淡化专业能力培养的同时，强化行业知识、职业情感、服务机理、职业道德等关系到职业发展潜力的要素的培养，以期培养出高层次和高质量的民航服务人才。

第五，架构适合未来发展需要的课程体系与内容。民航服务具有很强的国际化特点，而我国民航服务的思想、模式与方法也正处于不断创新的阶段，紧紧把握未来民航服务的发展趋势，提出面向未来的解决问题的方案，是本套教材的基本出发点和应该承担的责任。我们力图将未来民航服务的发展趋势、服务思想、服务模式创新、服务理论体系以及服务管理等内容进行重新架构，以期能对我国民航服务人才培养，乃至整个民航服务业的发展起到引领作用。

第六，扩大教材的种类，使教材的选择更加宽泛。鉴于我国目前尚缺乏民航服务专业更高层次办学模式的规范，各学校的人才培养方案各具特点，差异明显，为了使教材更适合于办学的需要，本套教材打破了传统教材的格局，通过课程分割、内容优化和课外外延化等方式，增加了教材体系的课程覆盖面，使不同办学层次、关联专业，可以通过教材合理组合获得完整的专业教材选择机会。

本套教材规划出版品种大约为四十种，分为：① 人文素养类教材，包括《大学语文》《应用文写作》《艺术素养》《跨文化沟通》《民航职业修养》《中国传统文化》等。② 语言类教材，包括《民航客舱服务英语教程》《民航客舱实用英语口语教程》《民航实用英语听力教程》《民航播音训练》《机上广播英语》《民航服务沟通技巧》等。③ 专业类教材，包括《民航概论》《民航服务概论》《中国民航常飞客源国概况》《民航危险品运输》《客舱安全管理与应急处置》《民航安全检查技术》《民航服务心理学》《航空运输地理》《民航服务法律实务与案例教程》等。④ 职业形象类教材，包括《空乘人员形体与仪态》《空乘人员职业形象设计与化妆》《民航体能训练》等。⑤ 专业特色类教材，包括《民航服务手语训练》《空乘服务专业导论》《空乘人员求职应聘面试指南》《民航面试英语教程》等。

为了开发职业能力，编者联合有关 VR 开发公司开发了一些与教材配套的手机移动端 VR 互动资源，学生可以利用这些资源体验真实场景。

本套教材是迄今为止民航服务类专业较为完整的教材系列之一，希望能借此为我国民航服务人才的培养，乃至我国民航服务水平的提高贡献力量。民航发展方兴未艾，民航教育任重道远，为民航服务事业发展培养高质量的人才是各类人才培养部门的共同责任，相信集民航教育的业内学者、专家之共同智慧，这套凝聚有识之士心血的教材的出版，对加速我国民航服务专业建设、完善人才培养模式、优化课程体系、丰富教学内容，以及加强师资队伍建设能起到一定的推动作用。在教材使用的过程中，我们真诚地希望听到业内专家、学者批评的声音，收到广大师生的反馈意见，以利于进一步提高教材的水平。

客服信箱：thjdservice@126.com。

丛 书 序

《礼记·学记》曰："古之王者，建国君民，教学为先。"教育是兴国安邦之本，决定着人类的今天，也决定着人类的未来，企业发展也大同小异，重视人才是企业的成功之道，别无二选。航空经济是现代经济发展的新趋势，是当今世界经济发展的新引擎，民航是经济全球化的主流形态和主导模式，是区域经济发展和产业升级的驱动力。作为发展中的中国民航业，有巨大的发展潜力，其民航发展战略的实施必将成为我国未来经济发展的增长点。

"十三五"期间正值实现我国民航强国战略构想的关键时期，"一带一路"倡议方兴未艾，"空中丝路"越来越宽阔。面对高速发展的民航运输，需要推动持续的创新与变革；同时，基于民航运输的安全性和规范性的特点，其对人才有着近乎苛刻的要求，只有人才培养先行，夯实人才基础，才能抓住国家战略转型与产业升级的巨大机遇，实现民航运输发展的战略目标。经历多年民航服务人才发展的积累，我国建立了较为完善的民航服务人才培养体系，培养了大量服务民航发展的各类人才，保证了我国民航运输业的高速持续发展。与此同时，我国民航人才培养正面临新的挑战，既要通过教育创新，提升人才品质，又需要在人才培养过程中精细化，把人才培养目标落实到人才培养的过程中，而教材作为专业人才培养的基础，需要先行，从而发挥引领作用。教材建设发挥的作用并不局限于专业教育本身，其对行业发展的引领，专业人才的培养方向，人才素质、知识、能力结构的塑造以及职业发展潜力的培养具有不可替代的作用。

我国民航运输发展的实践表明，人才培养决定着民航发展的水平，而民航人才的培养需要社会各方面的共同努力。我们惊喜地看到，清华大学出版社秉承"自强不息，厚德载物"的人文精神，发挥强势的品牌优势，投身到民航服务专业系列教材的开发行列，改变了民航服务教材研发的格局，体现了其对社会责任的担当。

本套教材体系组织严谨，精心策划，高屋建瓴，深入浅出，具有突出的特色。第一，从民航服务人才培养的全局出发，关注了民航服务产业的未来发展趋势，架构了以培养目标为导向的教材体系与内容结构，比较全面地反映了服务人才培养趋势，具有良好的统领性；第二，很好地回归了教材的本质——适用性，体现在每本教材均有独特的视角和编写立意，既有高度的提升、理论的升华，也注重教育要素在课程体系中的细化，具有较强的可用性；第三，引入了职业素质教育的理念，补齐了服务人才素质教育缺少教材的短板，可谓是对传统服务人才培养理念的一次冲击；第四，教材编写人员参与面非常广泛。这反映出本套教材充分体现了当今民航服务专业教育的教学成果和编写者的思考，形成了相互交流的良性机制，势必对全国民航服务类专业的发展起到推动作用。

教材建设是专业人才培养的基础，与其服务的行业的发展交互作用，共同实现人才培养—社会检验的良性循环是助推民航服务人才的动力。希望这套教材能够在民航服务类专业人才培养的实践中，发挥更广泛的积极作用。相信通过不断总结与完善，这套教材一定会成为具有自身特色的、适应我国民航业发展要求的，以及深受读者喜欢的规范教材。

　　此为序。

原海南航空公司总裁、原中国货运航空公司总裁、原上海航空公司总裁

朱益民

2018 年 3 月

前　　言

空乘人员的形象素质代表着航空公司、民族以及国家的形象。作为一名空乘工作者，一旦将体能训练内化为生活行为，形成科学持续的锻炼习惯，还能促进身体健康，建立由内至外的美。作为航空公司的"代言人"，拥有良好的形体和高雅的气质，不仅能提高服务的质量，而且能给公司带来更好的效益；另外，拥有卓越体能的空乘人员能保持充沛的精力，提高工作效率。试想空乘人员推着餐车时遇到飞机在云层颠簸，若没有健康的身体怎么能应对繁重的空中工作，所以各航空公司对参加面试的准乘务员都会进行严格的体能考核。

当前，中国民航事业呈快速发展的态势，高端服务人才需求巨大，人才缺口矛盾突出。为深入实施"科教兴业"和"人才强业"战略，进一步加快民航专业人才培养，编写出一套符合空乘专业学生运动水平和简单、易操作的体能训练体系教程势在必行。本书以运动解剖学和运动生理学为主要理论体系，结合普拉提运动模式精髓，将繁复的理论隐含在简单易行的练习动作中，力求易学易教，快速有效、全面系统地提高空乘人员的体能和改善形体。书内配有大量清晰的真人示范图，并配上详尽的动作技术细节讲解，方便学生自我学习，培养其参与锻炼的自主性，建立终身体育意识。

本书源于编者多年健身训练教学的实践经验和研究成果，结合国内外各种相关资料编写而成。笔者希望通过本书的编写能为航空公司输送合格人才，为民航事业的发展做出贡献。

本书在编写过程中得到了多方支持，我在这里表示感谢，首先感谢沈阳师范大学空乘专业主任安萍老师的信任，给我一个将健身经验与大家分享的机会，并感谢学生张平远配合拍摄工作；另外，感谢我曾教授过的空乘专业学生孙凡婷，已经在厦门航空公司工作的凡婷听说老师需要模特，马上乘飞机回来协助拍摄；还要感谢我的学生杨兴旺的支持，有这位全国健身冠军的帮助，给我们的健身氛围增色许多；最后，由衷地感谢我的妻子和女儿佳鑫以及儿子佳磊，谢谢你们的鼓励让我没有在困难面前放弃，才让这本书有机会和各位亲爱的读者见面。在这里由衷地感谢大家。

编　者
2018 年 4 月

CONTENTS 目录

第一章
民航体能训练概述

教学目的和要求

通过本章的学习，使学生理解民航体能训练的作用、特点、原则以及各项身体素质指标测试的方法和标准。

 本章重点与难点

充分理解体能训练的作用，激发学生锻炼的兴趣和动机。

体能是人体对环境适应过程所表现出来的综合能力，包括身体形态、身体功能、运动素质和健康水平四部分，从表现机制看，体能主要通过身体素质的形式来表现，包括肌肉力量、爆发力、柔韧性、协调性、平衡性、灵敏性和心肺耐力等。学生参加本课程的目的大多是让自己看起来更有型、身体更健康，而不是改善自身的平衡能力、力量和柔韧性，这是常见的误区，这样的健身方法是本末倒置的。各种身体要素相互联系，相互制约，整体兼顾才能使身体系统功能发挥良好的作用。健康与强壮的体格以及优异的体能是紧密相连的，无论你是想要锻炼肌肉、减肥、提高运动能力、保持健康，还是四者兼有，坚持实践我们全套发展身体素质训练体系就是最佳的实现途径。

第一节　民航体能训练的作用

一、改善形态，促进就业

航空公司进行校招和社招时，分为初试和复试环节。初试时要考查学生外貌（见图1-1）、普通话、外语水平、身高、身体形态等一系列指标，学生分组站立未自我介绍之前，第一印象尤为重要，往往能够决定学生的去留，而第一印象无非就是外貌、站姿和身体形态。外貌是天生的，站姿和身体形态却可以通过后天训练来努力达成。身体形态是一项重要的考察指标，具有较好身体线条的学生更有机会在接下来的口语面试中脱颖而出。复试时男生还需要进行体能测试，体能测试不达标者将没有机会入职。体能训练紧扣航空公司体测要求，围绕测试指标由简入繁、循序渐进、个性化制订训练计划。实践证明，经过系统学习和实践本体能训练体系的空乘专业学生在航空公司面试时体能几乎都是达标的。

目前，体能训练在人体解剖学、生物力学、生理学等科学理论的支撑下研发了更精细、更适合人体的健身技术，不仅可以起到强壮身体的作用，而且通过肌肉力量锻炼还可以有效改善先天或后天不良生活习惯造成的肌肉发展失衡，结实有力而且富有弹性的肌肉对展现人的身姿很重要，改善体态的同时也能提高面试者的自信。实践证明，体能训练可以达到矫正形体（见图1-2）、增强体质、提升气质等目的。由此可见，坚持健身锻炼能够更好地促进空乘专业学生就业。

图 1-1　学生外貌

图 1-2　矫正形体

二、增肌耗脂，塑造完美身型

　　力量锻炼会使肌纤维增粗、肌力增强，肌肉变得结实而丰满，力量锻炼还能够改善关节和韧带，促进新陈代谢，有效控制肥胖。为什么人们每天进行半小时到一个小时的锻炼就可以在几个月的时间里减掉数千克脂肪，并使形体变得紧实呢？原因是在经过激烈的力量锻炼后的一段时间内，体能的新陈代谢作用仍然保持在高位，这样高水平的代谢会保持15个小时左右，保持在比平时高 7%～12%的水平上，这就是肌肉的超氧耗。15 分钟高强度锻炼每天会消耗约 600 千卡的热量，而且体内生长激素和肾上腺素分泌增加，这两种激素有助于将更多体内存储的脂肪变成燃料。即使你仅运动十几分钟，只要你的强度足够，锻炼后提高新陈代谢而多消耗的卡路里，还是能燃烧掉体内多余的脂肪。这种转变会让你即使处于休息状态，也可达到长期健身的目标。

　　肌肉是人体内新陈代谢作用最活跃的一种组织。每增加 1 千克肌肉，每天会多燃烧掉100 千卡能量，这意味着在保持肌肉含量不变的条件下，每年要多消耗 5 千克脂肪。令人高兴的是这种消耗是持续的，即使是躺在沙发上看喜欢的电视节目，这种消耗也在进行。

比如，一个肌肉比较少的人，基础代谢也比较低，就好像一辆桑塔纳车，而增加肌肉后，就好比升级为悍马车，耗油量也会倍增，由于人体不会关掉引擎，而且肌肉发达的人更愿意参与各种活动，所以很快就会消除体内多余的脂肪。

三、减轻抑郁，预防疾病

空乘工作枯燥而单调，随着空乘专业学生就业后生活方式的变化，锻炼的机会变少，工作节奏变快，精神高度紧张，生活饮食不规律等对其健康状况产生了不利的影响。而健身可以提高身体免疫能力，预防和缓解大部分慢性疾病，甚至肿瘤。

运动可以促进身体产生一种叫内啡肽的激素，它可以使人消除疼痛并获得快感。经研究，进行体育运动对抑郁症的治疗效果甚至好过药物。此外，运动特别是户外运动，可以促进人们产生帮助睡眠的褪黑素，并放松我们的肌肉，让我们的睡眠质量得到提高，这也解释了为什么有些人只睡6～7个小时，第二天仍可以精神抖擞地参加工作和学习，而有些人即使睡10个小时，早上还是觉得起床很困难。虽然健身并不能让我们永别医院，但可以减少和延期我们拜访医生的机会，我们不仅节约了昂贵的医疗费用，同时也节约了宝贵的时间和精力，让我们有更多时间和家人在一起（见图1-3）。

图1-3　健康人生

四、促进心肺功能增强

氧气是人体生命代谢所必需的，只有在供氧充足的情况下，营养物质才能通过生理氧化作用转化为能量供给各组织器官，保证生命活动的需要。由于氧气密度相对较大，随着高度的上升，空气中的氧气含量相应降低，经实验证明，高度在 5 000 米以上时 74%的受试人员严重缺氧。高空缺氧时，人体能量代谢减缓，代谢中酶的活性降低，导致供能不足，同时，代谢中产生的大量酸性物质可能引起代谢性中毒，中国民用航空器的飞行高度一般高于 7 000 米，空乘工作人员多在缺氧的高空环境下工作，需要强大的心肺功能支持。

体能训练能促进心肺功能，使血液循环加快，新陈代谢加强，心肌发达，收缩力加强。学生在锻炼过程中，肌肉活动需要消耗大量的氧气，呼吸器官需要加倍工作，久而久之，胸廓活动范围扩大，肺活量提高，增强了呼吸器官的功能，对防止呼吸道常见疾病有良好的作用。

五、预防危机，具有处置突发事件的能力

航空安全一直是航空公司工作的一项重点内容，但飞行过程中可能会遭遇各种突发情况。一类是飞行自然突发情况，是指航空器在飞行过程中遭遇自然界或机器运动发生的突发情况。例如，起飞或降落时产生加速度，使人体遭受过重负荷，乘机者体内的血液便会从头向足流注，伴随产生头部血液减少以致缺血的现象；在飞行过程中遭遇云层，飞机产生颠簸，没有安全带保护的乘务人员可能会伤到脊柱；飞机在转弯时会有非常强的离心加速度，对于正在拉着餐车或更重的水车的乘务人员的体能是一个严峻的挑战。

另一类是人为性突发情况，是指空乘人员可能遭遇违反规定、不听从劝阻的乘机人员制造的突发情况。例如，未经许可，企图打开驾驶舱门进入驾驶舱；在客舱或者客舱卫生间吸烟；殴打机组人员或其他乘客；故意损毁救生设备等发生这种情况时，空乘人员在处置原则上应首先确保航空安全、确定性质，区别处置，然后及时控制事态，防止过激行为发生，最后教育与处罚相结合，做到机上看管、强制约束和控制，机下处理，空地配合，互相协作。从上述内容可以看出，遇到这些突发事件时空乘工作人员不但要有冷静的判断，还要有果断处置的能力，良好的身体素质是能否成功控制状况的有效前提，而良好的身体素质只能通过体能训练获得。

六、提升体力，延长工作年限

空乘人员常年处在辐射、缺氧、巨大噪音的封闭高空高速飞行空间，这样的工作环境会导致其内分泌系统混乱、心脏老化，诱发心脏病等心血管疾病，情绪起伏多变，消极情绪更容易发生，甚至出现轻生等极端思维。工作以站立方式居多，长期频繁的弯腰低头等动作导致颈椎酸痛老化、腰椎无力，骨骼系统面临严重挑战。以上是导致空乘人员离职和提前退休数量居高不下的一个很重要的原因（见图1-4）。

体能训练能够增强身体抵抗力，增强肌肉力量，促进骨骼新陈代谢；提高、改善心血管系统、消化系统等器官技能水平；促进智力发育，提高中枢神经系统技能水平；调节心

理活动，缓解生活压力等作用。体能训练能够很好地调节和缓解空乘人员身体、心理不适的情况，延长工作年限。体能训练几周后，你会感觉到体力倍增，走得更快、更久也不易感到疲劳，心脏的适应能力也逐渐增强，整个人越来越有活力，即使飞十几个小时的长途航班，也会感觉轻松自如，生活也充满了乐趣（见图1-5）。

图 1-4 长期工作身体变化　　　　　　　　图 1-5 锻炼后身体变化

通过对空乘专业学生进行体能训练，不仅能够培养其吃苦耐劳的意志品质，达成良好身体形态促进就业，延长工作年限，还能够使其养成良好的锻炼习惯，为终身锻炼奠定基础。在体能训练过程中要遵循训练的基本要求，训练注意事项，科学合理地安排训练。

第二节　民航体能训练的特点

一、紧扣体测要求，快速有效

空乘专业学生的体能训练不同于普通专业学生的体能训练，空乘专业学生的体能训练要紧扣航空公司体测要求，如男生 3 000 米长跑、100 米短跑、单杠引体向上、双杠屈臂伸、立定跳远等。学生应针对不同测试内容制订详细、科学的训练计划，不可盲目训练。体能训练比较枯燥且见效慢，对初学者来说是很大的挑战，仅仅被动接受锻炼很难达到训练效果，只有激发学生对体能训练的兴趣，提高其对体能训练的认识，增强自信心，通过比较查找出存在的差距，才能从内心释放出锻炼的欲望，变被动为主动。

抗阻力量锻炼是目前世界公认的改变形体最有效的方法之一，该锻炼是以运动解剖学和运动生理学为科学理论基础，不仅能对身体进行全面锻炼，还可以利用肌肉发力特点，对身体局部不良形体问题进行针对性锻炼。本书的形体训练体系结合普拉提技术精髓，强调核心发力和呼吸模式改善，可以令人在一个小时左右，就完成全身力量锻炼、柔韧伸展和有氧减脂所有功能。实践证明，学生练习每一个动作都会见到效果，学生认真上好每一堂课都会给身体带来变化，学生们在短时间内取得效果后，会非常有信心跟随老师继续上课，并养成坚持自我锻炼的习惯。

二、易学易教，便于操作

本书介绍的体能训练方法是针对有一定运动基础的空乘专业学生设计的。虽然现在我们可以通过很多方式改变形体、体态，如芭蕾、舍宾、健美操、健身气功等，但对于没有机会深入学习理论基础和技术根基的大学生，在有限的课时内，系统地掌握复杂的技术是不切实际的。本训练体系根据人体解剖学各肌肉和关节运动规律设计动作，不仅科学有效，而且动作简单易学，配合清晰、规范的动作示范图片，通过观看模拟图片上的动作就可以掌握技术动作的轨迹和运动形式，不需要多年的技术功底就可以达到技术规范和自我锻炼的目的。

技术如果过于复杂，也会给老师们备课带来过大的负担，以解剖学为理论基础编排的形体训练体系，简单易学，便于对学生进行教学指导。同时，降低技术门槛还可以促进快速培养更多合格的体能教师。在实践教学中发现，学生对复杂的解剖学和生理学名词了解不多，甚至对专业的名词采取"飘过"的状态，所以建议教师在教学过程中尽量将健身术语和日常语并用，本教程主要采用"日常化"的口语形式和大家分享技术，让所有学生能够轻松易学。

三、训练和恢复相结合

良好的恢复是训练的保障，只有训练和恢复相结合才能达到训练效果。放松运动不仅能使肌肉恢复得更快，还能降低训练中可能出现的肌肉痉挛和肌肉损伤。放松运动可以使血液循环加快，为肌肉细胞恢复正常的血流量、电解质、酶和营养平衡提供基础。放松运动能使由于运动而产生血液和肌肉所增加的乳酸恢复到训练前的正常水平。血液循环加快氧气和各种营养物质进入血液和肌肉中，同时排除废物，恢复体能。

以往的教程对恢复的内容关注甚少，本教程调整训练课内容的排列顺序，通过增加恢复性的练习手段来调整训练内容，而且制定出合理的训练后恢复建议。关注师生在教学中保持良好的身心状态，从而做到训练张弛有度，适时恢复。

四、程序化锻炼和个性需求相结合

本教程在训练方法和训练任务的安排上，力求符合空乘专业学生的需求，保证热身和恢复等常规性内容在课程内完成，还介绍不同部位的锻炼方法和训练计划，力争程序化与个性化训练相结合。

体能的提升不可能一蹴而就，也不可能仅靠 90 分钟的训练课就彻底改善学生体质，想取得强健的体魄还需要学生坚持不懈地进行锻炼。大家在本教程中可以发现，我会在每一个动作前面介绍其好处和意义，激发学生的锻炼兴趣；教程中安排的计划也是比较灵活的，并安排了课后锻炼计划，就是要培养学生坚持锻炼的意识，学会根据自身情况制订计划，养成自主锻炼的习惯而编制的。随着生活水平的不断改善，人们的生活方式也悄然改变，不久的将来，锻炼身体是否会像"刷牙"一样成为人们日常必需的活动呢？我不知道！但可以肯定的是，坚持锻炼身体的人身体更健康，工作效率更高，生活更幸福。

第三节　民航体能训练的原则

体能训练是一门改造人体的体育学科，只有通过科学、系统且持久的锻炼，才能达到增肌美体之目的。这里借鉴近代器械健身大师乔·韦德先生根据多年健身训练的经验总结出的以下健身者必须遵守的原则。

1. 自信是成功的基石

人的精神意志是决定成败的重要因素。正如一位哲人所说："自信是任何一项事业获得成功的基石。"钢筋铁骨般的形体是靠意志和汗水锻造的。健美锻炼的过程需要付出的艰辛是巨大的，同时还要经受讥讽与赞美、成功与失败的磨砺。如果缺乏自信，将无法面对日复一日乏味枯燥的练习，也无法承受肌肉灼烧般的酸痛。而任何意志上的松懈和怠慢，都会导致运动损伤，"三天打鱼，两天晒网"必事倍功半。

在训练开始阶段，情绪低落是很自然的，关键是要对自己抱有信心，努力从阴影中走出来。记住，千万不要放弃，一定要顶住，坚持就是胜利。有一句格言说得好："倘无自信和毅力作双桨，将永远达不到成功的彼岸。"胜利往往就在于再坚持一下的努力之中。夯实自己的信念吧，任何东西都无法阻止你前进的步伐。

2. 计划是指路的明灯

无论是初学者还是健美大师都离不开训练计划的指引。对于初学者来说，首先要做的便是根据自身的条件、锻炼目标以及时间调配，制订一个切实可行的训练计划。

制订计划的原则是目标明确、步骤合理、循序渐进、方法得当、上下平衡、重点突出且针对性要强。在制订计划时万不可生搬硬套、盲目效仿。

需要注意的是，无论你的计划多么"完美"，也不能一成不变，要根据自己的身体反应，随时调整训练内容，包括运动量、强度和方法，在逐渐摸索中形成一套适合自己的锻炼方法，以获取最佳训练效果。例如，某个动作对某部肌肉的锻炼效果不明显，完全可以换一个练习动作；某部肌肉恢复缓慢，也可适当延长其休息时间。至于时间安排，也可依据本人工作、学习的档期随时加以调整。

训练日记是掌控训练过程的舵。事实证明，由训练日记构成的训练档案，对训练过程进行有机控制，是实现训练科学化的重要保证。

3. 规范动作是训练的关键

成功的健身运动在于正确地完成每一个动作。练习动作是训练的最基本的组成部分。只有把每一次动作都做得正确无误，才能保证负重加在目标肌肉上，使其获得实质性刺激和最大限度地参与工作，收到最佳训练效果。而把握好每一次动作，既需要教练的监督指导，更需要一丝不苟地严格按动作技术要领去做，全神贯注，坚持不懈。训练重要的不是做了多少次，而是能否用规范的动作去完成练习，否则将偏离"主旋律"，或因为动作错误而受伤和大大削弱锻炼效果。

4. 循序渐进

人不可能"一口吃成个胖子"，训练也要一步步来。先从小负荷练起，不可贪重求快，应以保证完成规定的次数为度，切记欲速则不达。

5. 注重热身

充分而有效的热身是必不可少的。在正式锻炼之前，10 分钟左右的有氧运动量是不可或缺的。而且在每次大负荷动作之前，一定要先做一组或几组中低等强度（负重的50%）的练习，让目标肌肉兴奋起来，让相关的关节和韧带充分伸展，使血供更加充足。

6. 平衡锻炼

在锻炼的过程中，人体各部肌肉是不会同步进行的。而且有的肌肉生长得相对快一些，有的慢一些。如果不考虑平衡锻炼，势必会影响体格全面均衡发展。欲求平衡，关键在于着重锻炼薄弱部位。如果情况允许，可优先向弱部发起冲击，把强部放在其后进行，并适当减少动作的组数。

7. 先大后小

在锻炼过程中有一条"先大后小"的原则，不容忽视。原因是锻炼大肌群之前不要把能量消耗在小块肌肉上。例如，先练背部肌肉，后练前臂肌群，如果倒过来会因握力减弱而影响锻炼效果。

8. 意念集中

意念是动作的指令，是意识能动性的体现。在训练时把意念集中在动作的全过程和目标肌肉上，将会大大提高你的锻炼效果。

第四节　体能的测量与评价

航空公司进行校招和社招时，对通过初试的面试者有体能测试要求，测试不及格者，可以补考一次，再不及格者就会失去参加当期的岗前培训的资格。正是由于有严格的体能考核，才有机会针对空乘专业开设"航空体能"课程。虽然体能训练看似残忍，但经过专业人士围绕考核目标进行针对性编排训练计划，相信所有学生都能很快达标，并充满自信地进行其他功能的体能训练，从而获得由内至外的健康。具体测试方法和标准如下所示。

一、100 米跑测试

（一）测量意义

主要反映受试者快速跑动能力。

（二）场地器材

在平坦的地面上，划出若干条长 100 米的跑道（跑道宽 1.22 米，终点要有 10 米的缓冲距离），秒表（一道一表）、发令旗、哨子等。

（三）测量方法

受试者至少 2 人 1 组，采用站立式起跑。受试者听到"跑"的口令或哨声后快速起跑，跑向终点。发令员在发出口令或哨声的同时，要摆动发令旗。计时员看旗动开表计时，当受试者的胸部到达终点线垂直平面时停表，以"s（秒）"为单位记录成绩，精确至0.1 秒，小数点后第二位数按非 0 进 1 的原则进位（如 10.11 秒应计为 10.2 秒）。测 2 次，取最佳成绩。

（四）注意事项

1. 受试者在测试时须穿运动鞋或平底鞋，不得穿钉鞋、皮鞋、凉鞋等。
2. 发现受试者抢跑和串道时，要当即召回重跑。
3. 如遇风时，一律顺风跑。

二、立定跳远

（一）测量意义

主要反映受试者向前跳跃时下肢肌肉的力量和爆发力。

（二）场地器材

量尺、标志带、平地。

（三）测量方法

受试者两脚自然分开站立，站在起跳线后，两脚尖不得踩线或过线。两脚原地同时起跳，并尽可能往远处跳，不得有垫步或连跳动作。丈量起跳线后缘至最近着地点后缘的垂直距离。以"厘米"为单位记录成绩，不计小数。测 3 次，取最佳成绩。

（四）注意事项

发现受试者犯规时，此次成绩无效。

三、仰卧起坐测量

（一）测试意义

主要测试腰腹肌的力量。

（二）使用仪器

垫子、秒表。

（三）测试方法

受试者全身仰卧于垫子上，两腿分开，屈膝成 90°左右，两手交叉贴于脑后，另一同伴压住受试者两踝关节，起坐时以两肘触及或超过两膝为完成一次，仰卧时两肩胛必须触垫。测试人员发出"开始"口令的同时开表计时，记录一分钟内完成的次数。

（四）注意事项

1. 禁止用肘部撑垫或借臀部上挺和下落的力量起坐。
2. 一分钟到时，受试者虽已坐起，但两肘未触及或超过两膝时，该次数不计数。
3. 测试过程中要给受测试者报数。

四、引体向上测验

（一）测量意义

主要反映相对于自身体重的上肢肌群和肩带肌群的力量及动力性力量耐力。

（二）测量器材

高单杠。

（三）测量方法

受试者跳起，双手采用正握方式握杠。握杠间距与肩同宽，呈直臂悬垂姿势。身体静止后，两臂同时用力向上引体（身体不得有任何附加动作），当引体上拉躯干到下颌超过横杠上缘，然后还原至直臂悬垂姿势为完成一次。按上述方法反复做至力竭为止。测 1 次，以"次"为单位记录其完成次数。

（四）注意事项

1. 杠较高时，应有相应的保护措施，测试人员要防止伤害事故的发生。

2. 测试过程中，如受试者身体摆动，助手可帮助其稳定。但如果受试者借助身体摆动或其他附加动作引体时，该次不计数。

五、3 000 米跑测量

（一）测量意义

主要反映受试者心肺长时间工作的能力。

（二）场地器材

田径场地、秒表若干块、口哨、发令旗。

（三）测量方法

受试者至少 2 人一组进行测试。受试者采用站立姿势站在起跑线处，当听到哨声后立即起跑。计时员看到旗动开表计时，受试者跑完全程，当胸部到达终点站垂直面时停表。测 1 次，以秒为单位记录成绩，精确到 0.1 秒。

（四）注意事项

1. 测试人员在测试过程中应向受试者报告所剩圈数，以免多跑或少跑。

2. 受试者应穿运动鞋、胶鞋测试，不得穿皮鞋、塑料凉鞋、钉鞋等测试。

3. 记录成绩换算分秒时，要细心，防止差错。

六、立体体前屈

（一）测量意义

主要反映受试者躯干和下肢各关节可能达到的活动幅度，以及下肢肌群、韧带的伸展性和弹性。

（二）测量器材

一个平面凳子或平台、立位体前屈测量计。

（三）测量方法

受试者足跟并拢，足尖分开 30°～40°，并与平台前沿横线平齐，两腿伸直。上体尽量前屈，两臂及手指伸直，两手并拢，用两手中指尖轻轻推动标尺上的游标下滑，直到不能继续下伸时为止，不得做突然下振动作。以厘米为单位记录成绩，精确至 0.1 厘米。测量两次，取最佳成绩。测量计"0"点以上为负值，"0"点以下为正值。

（四）注意事项

1. 测试前，受试者应做好准备工作，以防测试时软组织拉伤。
2. 发现受试者膝关节弯曲，两臂突然下振或用单手下推游标时重做。

根据民航局要求，男乘务员在取得安全员执照前须参加民航局组织的安全员初始训练考核，体能考核项目及标准见表 1-1。

表 1-1　男乘务员体能测试标准

项目	3 000 米	100 米	引体向上	双杠臂屈伸	立定跳远	1 分钟屈腿仰卧起坐
标准	17′00	15″00	3 个	5 个	2 米	26 个
备注	1. 其中 1 项不达标者为总评成绩不及格					
	2. 不及格者可补考一次，再不及格者不得参加本期训练					

部分民航公司也会对女乘务员有体能考核，体能考核项目及标准见表 1-2。

表 1-2　女乘务员体能测试标准

项目	2′跳绳	2′蹲起	立定跳远	1 分钟屈腿仰卧起坐
标准	135 个	35 个	1.6 米	26 个
备注	1. 其中 1 项不达标者为总评成绩不及格			
	2. 不及格者可补考一次，再不及格者不得参加本期训练			

 作业与思考

思考：作为一名优秀的航空工作者，你该具备什么样的身体素质？

作业：完成一份以"健康对我的意义"为主题的小论文，要求 1 500 字以上，以打印稿的形式上交给任课教师。

第二章
有氧能力提升的锻炼方法

教学目的和要求

以实践方式为主，使学生提升有氧能力的同时掌握各种有氧能力提升的锻炼方法。

本章重点与难点

学生能够掌握正确的跑步技术要领。

有氧锻炼不仅能使心脑血管健康，而且对身体健美也起着重要作用，下面我们将谈谈有氧锻炼对我们健身的必要性。

有氧锻炼可增强肌肉耐力。如果肌肉运动强度过大，氧气就无法及时提供所需要的能量，这时身体就在无氧状态下提供能量，体内会产生大量乳酸，这会导致身体不适。乳酸被分泌出来并随着锻炼的继续迅速在肌肉内囤积，当乳酸囤积超过一定量后，你的肺部会感觉疼痛，腿像被灌了铅一样，最终肌肉中强烈的灼烧感会让锻炼无法进行。不过，通过增强有氧锻炼能力，心血管系统向运动肌肉输送氧气的效率将得到提高。这样就能推迟乳酸在体内囤积的时间，另外还可以大大提高人体对乳酸的耐受程度。

有氧锻炼可增强肌肉恢复能力。毛细血管能够将蛋白质和碳水化合物等营养物质输送到身体各个组织，有氧运动可扩大体内毛细血管的覆盖范围，体内的毛细血管越多，身体在使用营养物质进行肌肉恢复方面的效率就越高。毛细血管还有助于清除体内废物，特别是二氧化碳和食物在消化过程中产生的废物，这进一步增强了体内营养物质输送系统的效率。

有氧锻炼可加速脂肪燃烧。有氧锻炼能够增强锻炼后超氧耗，将燃烧脂肪的时间拉长至锻炼后数小时。此外，有氧锻炼可以使人体内的线粒体数量增多，负责向身体发出增强脂肪燃烧信号的氧化酶数量也得到增加。锻炼一段时间后，这些因素会使你的身体更倾向于用脂肪而不是用糖原作为能量，这有助于长期的体重控制。

第一节　有氧跑步

跑步锻炼是人们最常采用的一种锻炼身体的方式，这主要是因为跑步技术要求简单，无须特殊的场地、服装或器械。无论在运动场上还是在马路上，甚至在田野间、树林中均可进行跑步锻炼。

当我们开始慢跑时，首先，你必须确认所有的动作都是朝前的，不能让你的手臂在整个身体范围摆动，这会浪费我们的能量，要保证手臂始终向前摆动。慢跑的时候双臂的位置不要过高，同时脚尖要自然落地，并且要试着使每一个动作放松。此外，保持身体正直也非常重要。很多人会遇到这样的问题：当他们在跑步中觉得累了以后，所有的动作就会走样。比如，肩膀向前塌、屁股会向后撅或使整个身体前倾。跑步时手臂和肩膀要向后扩，这样才能展开胸部，保证呼吸的顺畅，这些最好在放松的跑步训练中练习。在放松的跑步练习中，更容易让我们轻松地集中注意力体会这些跑步动作。

除了正常的跑步外，还介绍以下几种跑步的变形，可以用在热身、有氧训练和敏捷性提升的训练中。

一、小步跑

小步跑技术要领：膝盖稍弯曲，摆正身体，前脚掌着地，尽快提踵，两脚快速依次交替用前脚掌蹬离地面。注意：蹬地时膝盖稍弯曲；落下时应用前脚掌着地，不能用全脚掌着地；右脚蹬离地面时，左脚应从前向后滑过地面（见图2-1）。

上述练习前进20～30米，恢复正常跑步，再重复练习一次。

二、高抬腿跑

高抬腿跑技术要领：两膝交替，上抬至水平于地面，手臂配合大腿摆动，抬脚时稍勾脚尖（不要刻意勾脚），脚落地时一定要用前脚掌着地，而不是全脚掌着地。上述练习前进20～30米，恢复正常跑步，再重复练习一次（见图2-2）。

图2-1　小步跑

图2-2　高抬腿跑

三、后踢腿跑

后踢腿跑技术要领：向前跑时，屈膝快速收小腿；尽力用脚后跟踢臀部。注意：保持上身正直，大腿尽量垂直于地面，在脚后跟踢臀的过程中绷直脚尖；上述练习前进 20～30 米，恢复正常跑步，再重复练习一次（见图 2-3）。

四、交叉步移动

交叉步移动技术要领：面对侧面，左腿向侧迈步，转动臀部，使右腿交叉移动到左腿后，左腿再次向侧迈步，转动髋部，使右腿交叉移动到左腿前。注意：上半身保持正直，为了更好地提高髋部灵活性，上半身尽量不要转动。上述练习前进 20～30 米，恢复正常跑步，换方向，重复练习（见图 2-4）。

图 2-3　后踢腿跑　　　　　　　　图 2-4　交叉步移动

五、倒退跑

倒退跑技术要领：练习者转身背对前进方面，两脚交替后退跑。注意：倒退跑时身体尽量放松，后退步幅尽可能大。上述练习前进 20～30 米，恢复正常跑步，再重复练习一次（见图 2-5）。

六、跑绳梯

跑绳梯技术要领：双脚在不同格内落地，尽快跑过每格约 50 厘米间距的绳梯或胶带贴出的方格（见图 2-6）。要求：强调身体正直的姿势和上、下肢配合动作。支撑腿与地面短暂地接触。高步频和快速折叠腿的能力。跑绳梯也可使用上述各种跑步变形的方式完成，可以提高敏捷性。

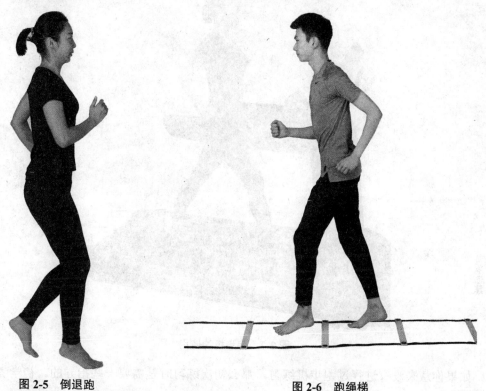

图 2-5　倒退跑　　　　　　　　　　　　图 2-6　跑绳梯

在锻炼初期，跑步的速度以没有不舒服的感觉为原则，跑步的距离以没有吃力的感觉为宜。跑步后可能出现下肢肌肉疼痛，这是正常反应，坚持锻炼几天后这种现象就会消失；为确定自己的锻炼水平，参加跑步锻炼每个月末都可进行测验，为自己的成绩顺利达标而努力。

第二节　跑步机练习

器械有氧锻炼通常在室内进行，具有安全、舒适，不受外界环境影响的优点。我们最常使用的有氧锻炼器械主要有跑步机、椭圆仪和健身自行车。下面将详细介绍其操作指南、技术要领，并将在如何制订锻炼计划方面给出建议。

一、跑步机操作指南

跑步机是一种可以在原地进行步行和跑步练习的室内最常见的有氧运动器械。跑步机的跑带部分具备很好的缓冲功能，能降低运动时产生的冲击力。在练习跑步时，跑步机的跑带速度和坡度是可以调节的。跑步机两侧还有把手，可以维持平衡（见图 2-7）。

图 2-7　跑步机的使用

如果你从来没有进行过跑步机练习，那么初次练习时是需要一些指导的。初学者务必按照一定的方法进行练习。

在启动跑步机前，练习者要将两脚分别站在跑带以外的两侧部位，双手握住把手。当跑步机启动后，让练习者先踏上一只脚，然后再踏另一只脚，开始迈步走动。如果练习者无法保持身体平衡，可让其双手仍握住把手，但也不能握得过紧，同时向前迈的脚要用力向后"扒"跑带。当练习者能维持平衡后，应尽量将双手离开把手，摆动双臂以保持平衡。初学者要脱离对把手的依赖，可按以下步骤进行练习：①两手轻轻握住把手；②两手手指扶住把手；③一只手轻轻握住把手，另一只手臂自然摆动；④一只手的手指扶住把手，另一只手臂自然摆动；⑤两手完全离开把手，自然摆臂。切记要在跑带的中部位置进行练习，不要太靠后或两侧部位，以避免从跑步机上跌落（见图 2-8）。

图 2-8 跑步机的锻炼技术

二、跑步机练习技术

在跑步机上走步或跑步时，头、躯干要保持自然、正直的姿态，挺胸、收腹，双眼平视前方，两肩保持放松。从侧面看，耳朵、肩部和臀部都要保持在同一条垂直于地面的直线上。正确的跑步姿势可以提高锻炼效果，减轻脊柱和腰背部肌肉的负荷。

对于跑步的练习者，由脚后跟过渡到前脚掌的着地方式是最安全的，可减少下肢关节受到的反作用力。脚后跟外侧先着地，然后过渡到脚后跟内侧，再过渡到前脚掌，最后前脚掌离地。脚后跟和前脚掌着地的动作要柔和，就像在地面上"滚动"一样。这样可以减少消耗不必要的能量，降低损伤的可能性。脚着地时，下肢关节的震颤动作也是错误的，容易增加对下肢关节的冲击力。

摆臂时，肩部要放松，屈肘，手掌自然半握拳。摆臂动作一般是以肩关节为轴，手臂向前并向内侧摆动时，手可以接近臀部高度。

提高跑步的速度，可以通过增大步幅、加快步频，或者同时采用这两种方法，步幅与腿长、柔韧性、力量、协调性和疲劳程度有关。在跑步时，脚应该在身体正下方着地。如果步幅过大，练习者的重心会提高，使下肢关节受到的反作用力增大，并造成不必要的制动效果，这样不仅会降低速度，还会增加出现损伤的可能性。因此，步幅过大只会起到适得其反的效果。相反，如果步幅过小，会无谓地浪费能量，减慢速度。因此，练习者要按照自己的步长和步频进行练习。这样才能提高运动水平，达到最佳的锻炼效果。

跑步机虽然有减震缓冲的功能，但对膝盖还是有一定的冲击力，长时间使用跑步机练习，容易造成膝盖髌骨的磨损。所以建议经常变换跑步的速率和坡度，减少局部膝关节的磨损；或者多采用几种器械进行有氧锻炼，这样不仅能减少单一设备反复使用对身体造成的劳损，同时也有可能取得意想不到的健身效果。

第三节　椭圆仪练习技术

一、椭圆仪操作指南

椭圆仪是一种将步行、跑步和蹬台阶练习结合到一起的室内有氧运动器械。椭圆仪练习能够代替走步、跑步和蹬台阶练习，并且对人体下肢各关节的冲击力较小，是一项非常安全、有效的练习，现在变得越来越受欢迎。

椭圆仪相对跑步机来说操作比较简单，大部分椭圆仪并不需要电驱动，仅要求练习者双手扶住把手，身体保持正确姿态后就可以操作。许多椭圆仪上有表盘，可以监测练习者的心率或设定阻力系数帮助达到健身目的，但由于各品牌的设计差距很大，笔者无法一一介绍，建议练习者在练习前咨询健身教练（见图 2-9）。

图 2-9　椭圆仪的使用

运动时，练习者将双脚放在脚踏上，脚尖自然朝向前方，膝关节要对准脚尖；练习者双手轻轻握住把手，保持身体平衡。注意握住把手时能够保持平衡即可，如过分依赖器械把手，会使运动强度降低，上体也不能保持正确姿势。

二、椭圆仪锻炼技术

在椭圆仪上锻炼时，练习者要保持自然放松摆动。头和躯干要自然地保持正直姿势，双眼平视，挺胸、收腹，肩部要保持放松。在屈膝时，膝关节不要超过脚尖，以避免对膝关节的压力过大，出现损伤。练习者在椭圆仪上的脚掌相对踏板是固定不动的，有外、内"八"字的练习者，如果将脚尖固定指向前方，对脚步姿态有很好的矫正作用。当我们使用自然的姿态进行锻炼时会使我们的臀部、大腿、小腿和脚踝都得到锻炼。如果我们改变身体的姿态，会使局部肌肉得到更强的刺激，取得局部塑形的效果。当我们将双脚外展时，会使我们负责髋关节外展的臀部、大腿外侧肌肉得到更好的刺激；当我们将脚尖垫高时，我们的重心会向后移动，这样我们的臀部和大腿后侧的肌肉会得到更好的锻炼；当我们屈膝行进时，整个大腿的肌肉会很快出现酸痛感，就好像做了几组深蹲一样，这是因为当我们降低身体重心时，不能再靠股骨和胫骨来承受重量，肌肉要做更多的功而产生的合力才能克服身体的重力。注意：这些改变身体姿态的锻炼要求熟练掌握椭圆仪锻炼技术之后才能使用，并且每进行 2 分钟加强锻炼后，变成自然姿态锻炼 2 分钟，避免强度过大，造成肌肉关节损伤。

第四节　固定自行车练习技术

一、固定自行车操作指南

固定自行车分为两种，一种是直立式的，一种是靠背式（或叫斜卧式）的。固定自行车练习对下肢关节的冲击力较小，尤其适合体重较大、下肢有伤或不能走路的练习者。

固定自行车的高度是可调的，合适的高度是保证髋关节正常运转的前提，也是保证腿部和臀部肌肉得到正常锻炼的必需条件。

当我们站在自行车旁，髋骨的上沿（髂前上棘）应该与座椅上面的平面高度一致，这样我们在蹬踏板的时候，保证髋部固定，使腿部可以充分舒展。如果座位高度过低，由于下肢运动过分靠近躯干，身体还会有紧张不适的感觉；相反，如果座椅位置过高，两脚就会随着脚踏过分向下运动，臀部也会随之左右摆动，容易使脊柱和下肢带关节压力过大（见图 2-10）。每一个人的身高、腿长都是不同的，在锻炼前不要怕麻烦将就使用之前调好的高度，花 1 分钟调整座椅，不仅会使你在锻炼过程中感觉舒适，而且会减少劳损，并大大提高锻炼效果。

靠背式固定自行车的座椅较为舒适，躯干有靠背支撑，特别适合老年人、体弱者、体重较大者、腰背部有伤病者、心脏病恢复者和孕妇等进行练习。

图 2-10　固定自行车的使用

二、固定自行车锻炼技术

固定自行车的锻炼技术比较简单。通常情况下，握住器械把手后，上体要保持自然正直的姿态，也可以略微前倾，但不能弯腰弓背。运动时，你要注意当一侧脚踏位于最低点时，同侧腿的膝关节应略微弯曲，这样就不会出现膝关节完全伸直而产生锁膝的现象。当脚踏位于最高点时，同侧大腿应该保持在髋部高度。如果大腿抬起过高，做向下蹬踏动作时，膝关节的压力会过大，容易造成损伤。运动过程中保持自然呼吸节奏也是很关键的，刚开始使用固定自行车锻炼时，很多人因为紧张而忘记呼吸；或者强度变大后，呼吸节奏混乱会使心肺锻炼效果减弱。要注意固定自行车的结构不同于动感单车，如不能承受锻炼者在其上直立蹬车，我们不能将动感单车的技术动作照搬于固定自行车，避免造成身体损伤。

 作业与思考

作业：参考航空公司身体素质测试的有氧达标标准，组织不少于 8 次有氧锻炼。

第三章
力量增强的训练方法

教学目的和要求

通过本章的学习，使学生熟练掌握身体各部位锻炼技术。

本章重点与难点

熟练掌握身体各部位肌肉的发力控制能力。

通过增强肌肉力量，女性的最大力量负荷可以增加 30%～50%，从事日常工作不易疲劳，而且参加其他活动也不容易造成损伤。美国基督教青年会的韦恩博士研究发现，女性连续两个月每周进行 2～3 次的举重训练，可减去 1.6 千克的脂肪而"制造"近 1 千克的肌肉。而且，通过锻炼获取的肌肉还会继续消耗热量，500 克肌肉每天要燃烧 35～50 卡路里的热量，而一般的有氧运动是无法达到这样的效果的。通过力量锻炼，骨的含钙量可以在短短半年内增加 13%。再配合适当的饮食，可以很好地抵御由缺钙导致的骨质疏松症。另外，力量锻炼能够促进骨骼肌的发育，还有助于增强软组织和关节的牢固程度。最近一项为期 12 年的调查结果显示，举重训练可成功减缓和消除背部的慢性疼痛，其有效率高达 80%。由于女性体内促进肌肉增长的激素含量远远低于男性，所以女性通常不会因为进行举重训练而导致体型格外魁梧，不必担心肌肉线条过分男性化。

第一节　胸部的锻炼方法

胸大肌是人体肌肉中最抢眼的一块肌肉。覆盖整个胸部的胸大肌，状似扁形，按肌纤维走向可分为上、中、下三部分。胸部肌肉的增长可以增强心肺功能，有助于拓宽肩带，增大胸围围度。

一、俯卧撑

双臂将成俯撑位的身体推起的动作，皆为俯撑类动作，此类动作虽然好像是"老掉牙"的动作，但规范的俯卧撑对我们的锻炼意义非凡，俯卧撑属于肩、肘双关节动作，可以使身体大部分肌肉得到锻炼，动作简单易学，可徒手操作，也可利用器械改变身体角度，提高或降低操作难度［见图 3-1（a）、（b）］。

（一）起始姿势

如图 3-1（a）所示，双臂伸直撑于地面或俯撑架上，双手与肩同宽或略宽，身体平直，双脚并拢。

（二）动作要领

如图 3-1（b）吸气，屈肘控制身体下降至胸部接近于地面，稍停；呼气，胸大肌收缩匀速撑起身体直至双臂伸直。

（a）

（b）

图 3-1　俯卧撑

（三）注意事项

1. 注意手臂微曲，避免手臂超伸使肘部受伤。

2. 运动过程中不塌腰、撅臀，要使胸大肌得到充分刺激。

3. 手腕力量薄弱者可以改用拳撑或使用俯卧撑支架；如果没有支架，可以使用高度相同的瑜伽砖或木箱代替。

4. 向下时，抬头眼睛目视前方；还原时，低头俯视地面。

一组训练重复练习 10～12 次，建议每次完成 2～4 组，可根据个人的体能水平进行调整。

（四）动作变形

改变支撑角度（见图 3-2），每 15°为一个难度级别，从 0°至 75°共有六个级别，身体与地面的夹角越大难度越低，可以借助跳箱完成。

对于男生体能较好者也可以改成单手或单脚来增加难度；此外，还可以通过加快动作频率来提高胸大肌的爆发力，或延长动作时间加强其控制力。

图 3-2　下斜俯卧撑

给准空姐授课时，俯卧撑是女同学们深恶痛绝的项目，因为部分女生甚至无法完成一个完整的标准俯卧撑。这个动作对改善胸部外形、提升胸部力量是必不可少的，于是如何降低难度让女生完成是教师应该思考的问题。经过实践筛选，给大家推荐两种动作：屈膝俯卧撑和靠墙俯卧撑。

屈膝俯卧撑（见图 3-3）：可以将直腿改成双膝支撑，缩短阻力臂，降低难度。运动过程中躯干保持笔直促使核心得到锻炼，双肘充分外展，使胸大肌得到充分刺激。

图 3-3　屈膝俯卧撑

靠墙俯卧撑（见图 3-4）：练习者站在两墙面夹角处，双手扶在墙面上，面对墙角中缝，躯干保持中直前倾，吸气下落过程中，尽量保持沉肩，肘部充分外展，令胸部得到充分伸展，呼气，胸部发力将身体还原至起始位置。这个动作负荷比较小，而且随时随地都可以对胸部进行锻炼，建议每天完成 2 组，每组 10～12 个。

二、仰卧飞鸟

平卧哑铃飞鸟是指身体仰卧，两臂开合，形如飞鸟在飞行中收翅膀，故称为"仰卧飞鸟"，仰卧飞鸟是单关节运动，肩关节做水平内收和外展动作，较双关节动作相比，更能对胸大肌进行集中刺激。相对推撑类动作而言，仰卧飞鸟动作幅度较大，对肌肉刺激较深，此类动作不仅可使整个胸部更加丰满有型，而且对刻画肌肉线条十分有效。

图 3-4　靠墙俯卧撑

（一）起始姿势

练习者平卧于凳上，双臂垂直于地面，双手持铃手心相对，收腹、挺胸、收下颌；双腿自然置于长凳两侧（见图 3-5）。

图 3-5　仰卧飞鸟

（二）动作要领

吸气，胸大肌收紧控制哑铃，双臂充分外展，直至肩部水平位；呼气，胸大肌收缩将哑铃拉至起始位，稍停片刻，再做下次动作。

（三）注意事项

1. 双臂向外打开时，保持肘部微曲，在运动过程中始终保持角度几乎不变，以防止喙肱肌和肱二头肌代偿发力。

2. 打开时手臂不要高于肩部，有利于胸大肌募集。

3. 持铃向外打开时，肩关节要放松，配合吸气利用胸大肌的张力缓慢下落，避免肩带损伤。

4. 运动过程中保持沉肩、收腹、手腕中立。

5. 此动作易造成肩、肘、腕关节的损伤，初学此动作建议用轻重量开始试举。

一组训练重复练习 10～12 次，建议每次完成 2～4 组，可根据个人的体能水平进行调整。

（四）动作变形

1. 上斜哑铃飞鸟：将平凳调至 20°～40° 的斜面上，完成哑铃飞鸟动作，可以提高胸大肌上部的刺激。因身处斜位动作要平稳，要掌握好哑铃重心。

2. 弹力带仰卧飞鸟：不同于哑铃动作，当肌肉顶峰收缩时拉力器给胸大肌的阻力是恒定的，哑铃飞鸟在双臂靠拢时主要的阻力基本变成垂直于地面，所以肌肉顶峰收缩时负荷反而降低。故锻炼者在用弹力带完成此类动作时会感觉更加费力，但效果更好。

三、夹胸

夹胸动作是训练胸大肌中间部位的有效动作，经常处于胸部锻炼的最后一组，虽负荷较小，但可使胸肌更好地得到深层刺激。

（一）起始姿势

练习者两脚开立与肩同宽或稍宽，双膝微曲，掌心相对夹住书或哑铃片等重物（见图 3-6）。

（二）动作要领

呼气，胸大肌收缩带动手臂向中间靠拢，使胸肌得到挤压；吸气，动作还原。

（三）注意事项

1. 整个动作过程中手臂保持微曲，夹角固定，减少手臂肌群参与用力。

图 3-6　站姿夹胸

2. 动作过程中保持挺胸、沉肩、收腹，减少三角肌前束发力。

3. 配合呼吸完成，保持平稳连贯的动作节奏。

4. 双手交叉完成会使胸大肌募集效果更好，注意左右手交替交叉，避免单侧胸肌锻炼过强。

（四）动作变形

此动作可以身体前倾完成，提高胸大肌的上半部分锻炼效果；如果身体稳定性不好也可采用弓步完成。

一组训练重复练习 10～12 次，建议每次完成 2～4 组，可根据个人的体能水平进行调整。

夹胸类动作可以使胸部更加挺拔，训练时可以用固定在同一水平面上不同两点的弹力带完成，也可以用有向外张力的普拉提圈完成。

第二节　背部的锻炼方法

发展背部肌群的目标主要是消除背后的赘肉，挺拔躯干，预防和缓解驼背，其训练方法很多，如引体向上、划船、下拉和挺身等。所有的背肌练习都能在不同程度上作用于整个背部肌群。取得最佳训练效果的关键是正确掌握技术动作，而不是加大重量。一旦肌肉受力时控制不了动作，就说明所用重量过头了。在所有背肌练习动作的最高点，都不要忘了做顶峰收缩，因为只有通过顶峰收缩，才能获得支配肌肉的神经感觉，使目标肌肉充血发胀达到最大灼烧感，从而真正获得所需刺激的广度和深度。

背部锻炼动作的呼吸与配合在健身界中一直存在争议。有人认为，吸气时应下拉，因为背肌属于吸气辅助肌，当吸气完成动作时，背部有利于更充分的收缩；也有人认为，呼气时应下拉，因为呼气时人体易发挥最大力量，使背阔肌得到最大刺激。建议：初学者为更好地找到肌肉募集的感觉，应采用吸气下拉的锻炼方式，如果为了增加背阔肌的围度而挑战最大力量，那么采用自己最舒适的呼吸方式即可。

一、引体向上

引体向上（见图3-7）几乎可以有效提高所有背部肌群力量，达到强健体魄、美化背部形态的作用，引体向上的工作原理是克服自身体重完成上拉的动作。在控制身体时，核心肌肉和整体身体自然协调工作，提高自身控制能力，是体适能训练必选的"王牌动作"，当然也是大多数航空公司选择的体能考核面试动作。

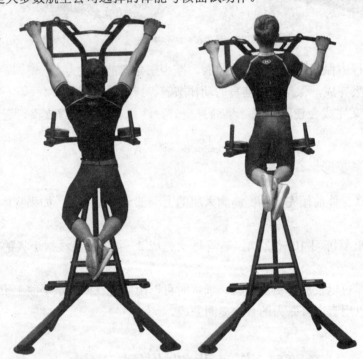

图 3-7　引体向上

（一）起始姿势

练习者双手正握横杆，头部正直，两眼平视，握距稍宽于肩，身体自然悬垂于杠下，腰背部以下放松，两小腿伸直或交叠。

（二）动作要领

吸气，以背部的力量将身体拉起，稍抬头挺胸，两肘外展，至下颚高过横杆，做顶峰收缩并保持片刻；呼气，在背部力量控制下身体缓慢下降直至双臂伸直还原。

（三）注意事项

1. 起始姿势时，肩关节要放松，后背要充分伸展。

2. 动作全过程一定要保持身体垂直，这样才能靠背肌之力拉起身体。如果上拉时身体前后摆动或蹬腿借力，会使胸肌等协同肌肉更多地参与用力，以致影响对背部肌肉的锻炼效果。

3. 下拉时，要把注意力全力集中在背部，而不是使用臂部力量下拉。

4. 天热时或爱出汗的同学可以在掌心搽点镁粉，以提高抓杠能力，防止滑脱，使精力更多地集中在目标肌肉上。

（四）动作变形

练习者倾斜身体站在横杆下方，站立越接近直立角度，难度越小，双手抓握横杠，在保持身体中立的情况下，背部发力将躯干拉至胸部与横杠接触，注意整个过程中背部肌群充分发力。随着力量提升，将身体逐渐调整至接近水平（见图3-8）。

图 3-8　倾斜引体向上

引体向上在面试考核时的要求是男生一次性完成 3～5 个标准引体向上，看似数量不多，但这却是一项让大多数男生头疼的项目。引体向上需要完全克服自身重量，如果没有足够的背部控制力量，即使是男生也会出现一个也完不成的情况。所以开课初做体测时，大多都是男女单独测试，就是要给"帅哥们"留点颜面。

引体向上训练建议不要集中短期突破，如果在短期内训练过多，会引起背部酸痛，动作走形。只要经过数周的系统训练，男生大多能具备独立完成的能力。引体向上动作"从零到一"是最难的，可以通过让练习者在辅助下完成和改变倾斜角度来降低难度，之后只要继续坚持锻炼，隔天训练一次，每次完成 2 组，每组完成 6～10 次，通常在一个月内会轻松达到测试标准。

关于引体向上训练，建议男生们要从一开始就勇敢正视这个最大难题，坚持循序渐进的锻炼。实践证明，经过体适能训练的同学都能在结课前实现所有体能指标达标。

二、弹力带坐姿宽位高位下拉

下拉类动作是加强背后力量与围度极好的动作，不仅可以帮助我们获得"V"型后背，而且可以通过矫正圆肩、驼背形体，缓解肩部和上背疼痛。需要强调的是，无论采用哪种下拉方式，都要保持挺胸拔背，让注意力集中在挤压背部肌肉上。

（一）起始姿势

面对锚点，骑坐凳上，两脚自然分开，踏实，双臂上举正握弹力带两端，握距比肩稍宽，挺胸收腹，拔背，目视前方。

（二）动作要领

练习者以上背肌群的力量将弹力带缓慢匀速拉至躯干后，顶峰收缩，稍停片刻，再控制使其缓慢回到起始位（见图 3-9）。

（三）注意事项

1. 起始姿势时，肩关节要放松，后背要充分伸展。
2. 下拉时，集中上背肌群的受力，切记不要耸肩或借惯性完成动作。
3. 下拉时，肘部充分外展，以肘带肩，而不是使用臂部力量下拉。
4. 还原时要用背部的紧张力控制弹力带，缓慢放松肩关节和外展肩胛骨，使目标肌肉充分伸展。

一组训练重复练习 10～12 次，建议每次完成 2～4 组，可根据个人的体能水平进行调整。

（四）动作变形

坐姿拉力器窄握下拉，此练习重点强调背肌上部的厚度和宽度。其练法与坐姿宽握胸前下拉基本相同。不同之处是，如图 3-10 所示练习者两手拳心相对，肘部夹住身体两侧。下拉时，同样要把意念集中在背部肌肉的运动上，两臂紧贴体侧。当握把快到胸部高度时，将肘关节往后下方拉。手臂伸展的同时肩关节收缩，这样有助于实现肩胛骨中间的背部肌肉加强。

图 3-9　弹力带坐姿宽位高位下拉

图 3-10　弹力带坐姿窄位高位下拉

一组训练重复练习 10～12 次，建议每次完成 2～4 组，可根据个人的体能水平进行调整。

三、单臂划船

对女孩来说，跪姿单臂划船是一项极好的背部锻炼运动，不仅可以有效锻炼肩部后侧肌肉，预防圆肩驼背，而且对胸部挺拔、消除"副乳"有特殊效果。为保证动作完成质量，选择负重建议选用最轻的哑铃，有时在教学过程中没有足够的小哑铃，同学们可用一个灌满水的饮料瓶代替，也可取得很好的效果。

（一）起始姿势

练习者单膝跪于长凳，支撑脚比肩稍宽并令其脚的中心与膝盖在一条直线上来保证髋部平正（保持骨盆中正对完成动作意义非常大），一手支撑身体，另一手轻轻钩住哑铃，身体平正，目视斜下 45°（见图 3-11）。

图 3-11　跪姿单臂划船

（二）动作要领

吸气，肩后侧肌群发力带动哑铃回拉至身体侧面，胸部充分挺出；呼气，哑铃还原。

（三）注意事项

1. 想象自己的手是钩住哑铃的钩子，将注意力完全放在肩背后侧的发力点，令肩背后侧得到充分的锻炼，而不是手臂。

2. 拉到最高点时，要充分收紧背部，保持1～2秒，令背部肌肉做充分的顶峰收缩。

3. 支撑手臂不要完全伸直，当重心不是完全放在支撑手臂上时，我们才能保证核心始终收紧。

4. 动作匀速缓慢，不要出现借力现象。

（四）动作变形

跪姿脊柱回转单臂划船（见图3-12），练习者在回拉时可以将动作轨迹改为贴近身体，靠脊柱旋转完成。这样大幅度旋转脊柱的动作会令脊柱深层的肌肉得到刺激，而且通过旋转会令我们平时僵直的脊柱得到松懈，从而令颈部和腰部的压力得到缓解。

图3-12　跪姿脊柱回转单臂划船

一组训练重复练习10～12次，完成一侧动作后，马上做另一侧动作，两侧都完成为一组。建议每次完成2～4组，可根据个人的体能水平进行调整。

四、背部挺身

背部挺身动作可以强化背部深层肌群，消除后背和手臂后侧的赘肉，并可有效缓解、预防、矫正圆肩驼背。做动作时想象自己是超人在空中顶风飞行，这样可以保持躯干正直，腰椎压力不会过大。

（一）动作要领

练习者俯卧，双腿并拢，手心向内，两臂贴于体侧，吸气，背部发力，颈椎开始逐节抬起至上半身离开地面，保持2～4秒；呼气下落还原（见图3-13）。

图3-13　基本背伸展1

（二）注意事项

1. 完成动作时，背部发力带动上身抬离地面。
2. 头部和脚向两端延伸，肩部放松。
3. 腹部、臀部也要保持收紧，上半身不要抬起过高，造成腰椎压力过大。
4. 为了防止初学者憋气，造成缺氧性头痛，一组内不要连续完成超过5个。

（三）动作变形

如果练习者找不到腹部收紧的感觉或背部力量不足，练习者可用双手借助弹力带拉力完成动作（见图3-14）。弹力带不仅可以辅助练习者抬起上体，而且因为弹力带的力量是向后的，所以有对于练习者更容易找到核心收紧的感觉，起到保护腰椎的作用。

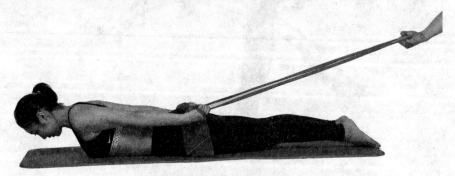

图3-14　基本背伸展2

一组训练重复练习3～5次，建议每次完成2～4组，可根据个人的体能水平进行调整。

五、三夹

三夹动作是在背部挺身动作的基础上延长保持时间的升阶动作，不仅可以强化背伸肌群，更重要的是可以激活背部深层肌肉，对矫正脊柱侧弯和消除背部疼痛有神奇效果。

（一）动作要领

练习者俯卧，双腿并拢，手心相对，拇指向上，两臂向头部方向伸出，背部发力引领上半身离开地面，静力性保持 30 秒；呼气下落还原（见图 3-15）。

图 3-15 三夹

（二）注意事项

1. 双肩放松，不要耸肩。
2. 颈椎保持中立，头顶向远端延展。
3. 肩胛骨、臀部和脚后跟三点使劲收紧，没有缝隙，这也是这个动作命名为"三夹"的原因。
4. 静力保持 30 秒，过程中保持呼吸均匀。

一次训练保持 30 秒，建议每次完成 2～4 组，可根据个人的体能水平进行调整。

第三节 肩臂部的锻炼方法

一、弹力带水平外旋

弹力带肩袖外旋是将上臂向外旋转，而肩袖肌群是包裹住肩关节的肌肉，分别是冈上肌、冈下肌、肩胛下肌和小圆肌，肩袖肌群对保护我们的肩关节意义非常大，大部分的肩部损伤都与肩袖肌群有关。此运动可锻炼肩肌腱袖的三条肌肉：冈上肌、冈下肌和小圆肌，如果胸肌强于肩袖，手臂就会永远向内旋转，身形就会像"山顶洞人"一样含胸驼背，肩部外旋运动就是避免出现这种情况的好方法。

（一）动作要领

练习者两脚与肩同宽，目视前方，手肘弯曲呈 90°向前，双手手掌向上抓住弹力绳，约与肩同宽。如图 3-16（a）所示，练习者慢慢将肘部打开至身体外侧后，再慢慢回到原点，注意打开与收回的动作都要尽量放慢，如图 3-16（b）所示。

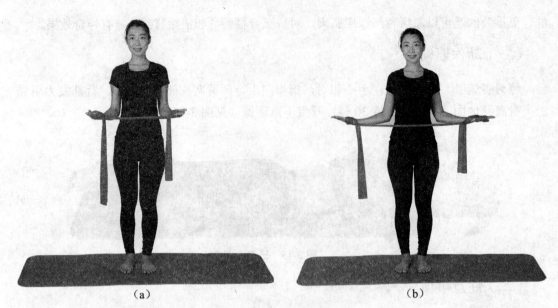

（a） （b）

图 3-16 弹力带肩袖外旋

（二）注意事项

1. 上臂夹住身体，不要使用肩部代偿。

2. 大拇指发力引领向身体后方移动，保持肩部后侧肌肉持续发力控制收缩。

一组训练重复练习 10～12 次，建议每次完成 2～4 组，可根据个人的体能水平进行调整。

二、弹力带肩部侧平举

侧平举动作可发展肩部宽度。由于弹力带在顶峰收缩时阻力最大，所以对肌肉的塑形效果比哑铃更好，女性比较偏爱使用弹力带进行肩部的训练。很多男生都希望有宽阔的肩膀，哑铃侧平举可以增加负重，所以此动作更受男生的青睐。

（一）起始姿势

练习者两脚自然分开直立，目视前方，挺胸、收腹、拔背。双手握弹力带，置于身体两侧，拳眼相对（见图 3-17）。

（二）动作要领

练习者吸气，肩中部发力带动两臂向侧上方提举，举至两臂与地面平行或略过水平位，做顶峰收缩；稍停片刻后，呼气，控制缓慢放回起始位（见图 3-18）。

图 3-17　弹力带肩部侧平举起势

图 3-18　弹力带肩部侧平举

（三）注意事项

1. 在整个动作过程中始终保持大小臂微曲及角度不变，以保证肩部肌肉的集中收缩。

2. 侧举时要摒弃耸肩、提臀、侧弯、身体前后晃动的借力方式，保证肩部有最佳受力。

3. 如果使用哑铃，双手钩挂住哑铃即可。如果使劲握哑铃会造成前臂肌群过紧而代偿发力。

4. 恢复到起始动作后紧接着重复下一动作，以保持肩部的持续紧张力。

一组训练重复练习 10～12 次，建议每次完成 2～4 组，可根据个人的体能水平进行调整。

三、弹力带螺旋对角伸展

仔细回顾日常活动及体育运动中的动作可以发现，其实人体很少有单纯一个解剖面的动作，几乎所有动作的运动轨迹都包含三个面：矢状面、额状面和旋转面，我们称之为"螺旋对角线"动作。螺旋运动模式可以有效地提高人体的肌力、耐力和协调性，所以在运动方案中加入螺旋对角运动是有益的。

建议将螺旋运动模式作为常规热身运动的一部分，反复进行练习熟悉上肢模式后，也可以用它进行肌力训练。在开始训练的时候不要用力太大，否则第二天可能会觉得身体酸痛，找出适合自己的方法后逐渐增加难度。本书所介绍的练习是以左侧上肢或下肢进行说明，但记住右侧也要重复所有的练习。

肩螺旋对角线运动之"拔剑式"能够提高肩和背部肌群的肌力、耐力和协调性。如图 3-19，练习者踩住弹力带的一端或将弹力带固定在右侧地板平面的固定物体上。从这个位置开始缓慢而有力地控制向上、向外移动，好像拔剑举上头的动作，所以称这个动作为"拔剑式"。

图 3-19　肩螺旋对角线运动之"拔剑式"

　　当到达最高点时，缓慢而有力地控制返回到起始位置，好像把剑插回剑鞘。这时肌肉进行离心收缩，控制起来更有难度。

　　动作完成过程中注意保持身体稳定，不要耸肩代偿肩部发力；弹力带负荷不宜过大，动作尽量做到舒展、流畅。

　　以上为1次练习的过程，通常一组训练重复练习10～12次，根据个人的体能水平进行调整。这个动作也可躺在垫子上，手里握住小重量的哑铃完成。

　　肩螺旋对角线运动之"安全带式"能够提高手臂和肩后部的肌力、耐力和协调性。如图3-20，练习者将弹力带的一端固定在右肩上方处，左臂举高抓住弹力带，从这个位置开始缓慢而有力地控制着动作，左肢向下、向外和向后移，止于左侧下方身后，动作好像"下插安全带"，我们简称"安全带式"。当到达伸展最远端时，开始缓慢而有控制地返回到起始位置，这时肌肉进行离心收缩，控制起来更有难度。动作完成过程中也要注意保持身体稳定，不要耸肩代偿肩部发力。

图 3-20　肩螺旋对角线运动之"安全带式"

　　以上是1次练习的过程，一组训练重复练习10～12次，可根据个人的体能水平进行调整。这个动作也可躺在垫子上，手里握住小重量的哑铃完成。

四、双杆臂屈伸

　　不同的动作要领对目标肌肉产生不同的锻炼效果，上体前倾，含胸收腹，两肘外张着重练胸大肌；而垂直向上推起，挺胸夹背就变成主练肱三头肌了。

（一）起始姿势

　　如图3-21（a）所示，练习者双手握双杠，屈臂支撑，两肘外展，抬头向前引体，肩部前移，使胸大肌充分拉长伸展。

（a）　　　　　　　　　　（b）

图 3-21　双杠臂屈伸

（二）动作要领

加图 3-21（b），练习者吸气，以胸大肌的收缩力推撑起身体，至两臂伸直。做顶峰收缩，保持片刻。然后在呼气的同时，以胸大肌之紧张力控制身体缓慢下降，屈肘还原。

（三）注意事项

1. 双臂伸直时保持含胸收腹，保证胸大肌充分收缩。

2. 身体不要随意晃动或前后摆动中完成动作。

（四）动作变形

辅助双杠臂屈伸，练习者将小腿叠放，辅助者辅助练习者脚踝，让练习者在辅助下完成（见图 3-22）。

助力双杠臂屈伸：练习者将弹力带放在脚踝处，借助弹力带的弹力辅助完成完整的技术动作（见图 3-23）。

双杠臂屈伸也是一个体能测试动作，大部分航空公司面试达标标准为 5 个，少数航空公司面试达标标准为 8 个。通常在测试初时，会有少部分同学不能完成 5 个标准双杠臂屈伸。对于不能顺利达标的同学，应该做针对性训练。双杠臂屈伸动作经过训练可以迅速提升，在体适能结课时，男生在此项目复测中都可达到测试标准。

图 3-22　辅助双杠臂屈伸　　　　　　　　　　　图 3-23　助力双杠臂屈伸

因为双杠臂屈伸动作参与肌肉较多，恢复时间较长，建议隔天训练，每组训练重复次数不少于 8 次，如果不能完成标准的双杠臂屈伸动作，建议采取搭档帮助或弹力带辅助的方式，每次完成 2～4 组，可根据个人的体能水平进行调整。

五、站姿弹力带臂弯举

肱二头肌是大臂前侧的肌肉，就是男生常弯曲手臂展示的"肌肉"。臂弯举是发达肱二头肌的经典动作，可以采用站姿、坐姿完成，可以使用哑铃、杠铃、拉杆和弹力带等器械完成，在使用弹力带完成这类动作时，阻力是恒定的，而且当肱二头肌顶峰收缩时阻力最大，有利于肌肉力量提升。

（一）起始姿势

练习者两脚前后站立，目视前方，两手各持弹力带，拳心向前，自然垂于体侧，保持挺胸、收腹（见图 3-24）。

（二）动作要领

练习者以肱二头肌的收缩力将弹力带举至肩前，顶峰收缩后，稍停片刻，控制还原至起始位，运动过程中保持自然呼吸，双手也可同时交替进行。

图 3-24　弹力带肱二头肌臂弯举

（三）注意事项

1. 上举过程中肘部好像贴住墙壁一样，不能向后移动，避免肩部发力代偿。
2. 身体保持稳定、正直，不要借摇摆的力量完成动作。
3. 腕部不能内扣或外展，否则小臂过多发力，影响锻炼效果，造成腕部损伤。
4. 弯举至最高点处，稍作外旋，可使肱二头肌长头得到更好刺激。
5. 下落至最低点不要完全伸展，手臂接近完全伸展前，紧接着向上弯举。

男生为了增加肌肉围度，一组训练重复练习 10～12 次，建议每次完成 3～5 组；女生要减脂塑形，一组训练重复练习 15 次，建议每次完成 2～4 组，可根据个人的体能水平进行调整。

六、弹力带肱三头肌颈上臂屈伸

肱三头肌是手臂后侧的肌肉，女生如果想预防和消除"拜拜袖"，肱三头肌臂屈伸是首选动作。此类动作要求肩关节和上臂保持固定不动，才能取得最佳锻炼效果。肱三头肌臂屈伸可以采用哑铃、杠铃、曲柄杠铃、拉力器、弹力带等。如果女生没有很好的身体稳定性，建议弓步站立，采用少负荷、多次数的办法，可以帮助减掉手臂后侧多余的赘肉。

（一）起始姿势

练习者两脚分立，与肩同宽，膝盖微屈，收腹、挺胸，双手握住弹力带，屈臂置于颈后，拳眼相对，如图 3-25（a）所示。

（a）　　　　　　　　　　　　　　　（b）

图 3-25　弹力带肱三头肌颈上臂屈伸

（二）动作要领

　　练习者呼气，以肱三头肌收缩力将绳拉至头上方，如图 3-25（b）所示，如垂直向前则对手臂后侧的外侧锻炼刺激大，如双手向两侧分开，会使手臂后侧的内侧得到加强，做顶峰收缩，在肱三头肌控制力下缓慢回到初始位。

（三）注意事项

　　1. 运动过程中注意保持挺胸、收腹，头部不要过低或过仰，头部为身体的延长线。

　　2. 上拉过程中保持沉肩，避免力量不足时用肩部拉拽弹力带。

　　3. 双脚稳定站于地面上，不要使身体来回摆动。

　　4. 动手保持缓慢匀速，不要借助惯性完成动作。

　　男生为了增加肌肉围度，一组训练重复练习 10～12 次；女生要减脂塑形，一组训练重复练习 15 次，建议每次完成 2～4 组，可根据个人的体能水平进行调整。

七、站姿弹力带臂下拉

　　弹力带臂下拉也是发展肱三头肌的运动，多采用小等重量、多次数来消除手臂后侧赘肉。下拉时，当手心方向与运动方向相同时，会更多锻炼肱三头肌长头，而当手心方向与运动方向相反时，会更多强化肱三头肌内侧头。

（一）起始姿势

练习者面对弹力带的锚点站立，双膝微屈，髋部固定，挺胸、收腹，两上臂紧贴体侧，正握或反握拉力器握把，目视前方（见图3-26）。

图3-26　弹力带肱三头肌臂弯屈伸

（二）动作要领

呼气，以肱三头肌收缩力将握把下压，直至两臂伸直于大腿前，顶峰收缩片刻后，控制握把，缓慢还原至起始位。

（三）注意事项

1. 为实现肱三头肌单独运动，肘关节要固定，紧靠身体两侧，只让前臂运动。

2. 负重不要过大，如果负荷过大，会迫使身体晃动或肩部代替目标肌肉发力，反而会影响锻炼效果。

3. 反握时小拇指充分发力握住弹力带，才能使肌臂内侧得到充分刺激。

第四节　腹部的锻炼方法

腹部肌群不仅是内脏的坚强卫士，也是展现人体健美的亮点。对于大腹便便的人来说，发达腹部肌群和减少腰腹部脂肪，不仅仅有助于美化形体，还有着更深一层的健康意义。腰腹乃人体之轴，运动时躯干的前后屈和旋转都离不开腹肌的支持。强健的腹肌能极大地提高身体的平衡能力和稳定性，可避免腰背受伤，而且有助于增强其他动作的锻炼效果。经常锻炼腹肌，还有助于增强人体消化及生殖系统功能，预防胃下垂、便秘等多种疾病。

　　人们常把腹部分为上腹、下腹和侧腹。完成屈体动作主要靠腹直肌收缩，锻炼部位是上腹部和下腹部；弯向对侧和转体运动则主要依赖腹斜肌完成，特别对减掉腹部侧面的赘肉有很好的效果；位于腹直肌深层的腹横肌，其主要功能是保护脏器。腹肌的练习方法多种多样，欲达最佳效果，必须遵循一个原则，即最大限度地直接压缩腹部肌群，无论是上腹的卷起、下腹的举腿、侧腹的抬起或者是能快速瘦腹的旋转动作，均以能使腹肌达到顶峰收缩状态为最佳。

一、卷腹

　　卷腹是锻炼上腹部的经典动作，不仅可以募集和加强上腹部肌肉的锻炼，还可以按摩腹腔内脏，改善消化系统循环。

（一）动作要领

　　练习者两腿稍分，屈膝腿仰卧于垫上，双手十指交叉置于头后，肘外分，骨盆中立位，呼气，上腹收紧，由头颈开始脊椎逐节上抬至肩胛骨下沿抬离地面；吸气不动，呼气逐节下落还原（见图 3-27）。

图 3-27　卷腹

（二）注意事项

　　1. 肩部放松，不要耸肩，肩部如果过度紧张，双手可以拉弹力带放在头颈下面。

　　2. 下颌微收，下颌处像含着一个橘子，保持颈椎正直，在胸椎的延长线上，不要手臂发力去拉颈部，避免颈椎出现劳损。

　　3. 腹部竭尽全力发力收缩，带动上体抬离地面，感觉胸口有根绳子在向上提拉，保持核心稳定、骨盆固定，下背部不要离开垫子。

　　4. 在做动作时要配合呼吸，不要屏气。

　　一组训练重复练习 10～12 次，建议每次完成 2～4 组，可根据个人的体能水平进行调整。

（三）动作变形

1. 此动作可以将双脚置于健身球或长凳上，避免出现借助屈髋肌群借力现象。
2. 用一个你感觉舒适的高度将脚掌抵在墙壁上，完成卷腹。

二、仰卧举腿

仰卧举腿类属于腹肌上固定动作，可提高下腹部的锻炼效果。将弹力带绑缚在脚上，可降低动作难度，由于举腿时会使髂腰肌变得紧张，进而导致腰椎压力过大造成腰背疼痛，大腿变粗，所以完成举腿类动作后最好能配合弓步拉伸。

（一）起始姿势

练习者仰卧于地板或长凳上，双手置于体侧，双腿伸直并拢，上抬至垂直于地面（见图 3-28）。

图 3-28　弹力带助力举腿

（二）动作要领

练习者呼气，以腹肌收缩力将双腿提起，使臀部离开地面，顶峰收缩片刻控制双腿还原（见图 3-29）。

（三）注意事项

1. 肩部放松，下额微收。
2. 以腹肌的力量将下体拉起，尽量减少手臂的借力。
3. 初练时膝关节可微屈，并借助弹力带的助力完成，找到下腹力量提升后，再逐渐伸直腿部并去掉弹力带的协助来提高难度。

图 3-29　弹力带助力举腿

4. 上举时要用下腹部收缩的力量完成动作，不要借助腰背的冲力完成，如果找不到下腹部收缩感觉，可以在自己的髋部下垫一个毛巾卷（见图 3-30），减少上腹代偿发力，增强下腹的锻炼效果。

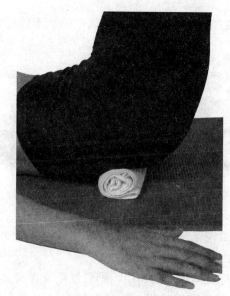

图 3-30　弹力带助力举腿的垫毛巾细节

一组训练重复练习 10～12 次，建议每次完成 2～4 组，可根据个人的体能水平进行调整。

三、"元宝"起坐

元宝式仰卧起坐是因为当练习者侧卧发力，两端同时抬起的时候，身体形状就像古代的"元宝"而命名的，这个动作可以令练习者侧腹部得到很好的锻炼效果，如果和侧面伸展配合起来，经常在一组动作后，就可看到练习后的一侧消瘦了，与另一侧的赘肉形成了鲜明对比。

（一）起始姿势

练习者侧卧于垫上，上体保持直立，头部枕于下放的手臂上，另一手轻扶胸前地面，保持身体平衡（见图3-31）。

图3-31　元宝式仰卧起坐1

（二）动作要领

练习者呼气，以腹肌收缩力将上体抬起；吸气，控制下体还原垫上（见图3-32）。

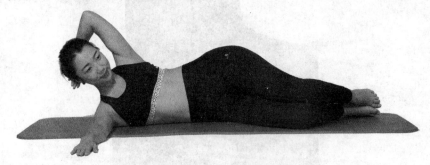

图3-32　元宝式仰卧起坐2

1. 整个运动过程中，上体保持直立稳定。
2. 腿部在身体的平面内进行运动。
3. 上方的手仅起到保持身体平衡的作用，不要过度支撑身体。
4. 屈髋完成会增强腹肌的锻炼效果，如果身体保持正直会使同侧的腰方肌过度参与锻炼。
5. 完成一侧腹肌锻炼后马上进行伸展或进行对侧的身体练习。
6. 不要用力拉脖子，借惯性完成动作，错误动作示范如图3-33所示。

（三）动作变形

抬腿元宝式仰卧起坐，练习者在侧抬起上身同时抬起大腿，这样会促进侧腹进一步收缩，从而增强锻炼效果，同时会锻炼臀外侧的肌肉（见图3-34）。

图 3-33　元宝式仰卧起坐易犯错误

图 3-34　元宝式仰卧起坐增加版

一组训练重复练习 10～12 次，建议每次完成 2～4 组，可根据个人的体能水平进行调整。

四、腹斜肌交叉

腹斜肌交叉是靠躯干极度旋转使腹斜肌收缩的动作，是最快速瘦腹的动作之一，在完成动作时，练习者经常会感觉身体像扭毛巾一样把油脂挤压出体外，动作难度比较大，是一个高级进阶动作，但在我的训练过程中，无论男女生都非常喜欢这个动作，因为每做一次这个动作锻炼，腹部就有"灼烧感"，感觉像是腹部瘦了一圈。

（一）动作要领

练习者屈膝仰卧于垫上，双腿举至脚尖与眼睛同高，上体向一侧平转 45°左右；吸气，身体还原中立位，再次呼气，完成反方向的动作（见图 3-35）。

（二）注意事项

1. 转体时肩部向对侧的髋部靠拢，使腹肌得到最大程度的收缩。
2. 转体时上体高度不要下降或出现歪斜现象。

图 3-35　腹斜肌交叉

3. 转体时始终保持下颚微收，颈部不要过前引。

4. 在转体过程中，身体千万不要出现歪斜，身体躯干要绕脊柱中轴进行旋转。

一组训练重复练习 10～12 次，建议每次完成 2～4 组，可根据个人的体能水平进行调整。

五、弹力带"百次振拍"

百次振拍这个动作是腹肌锻炼超级加强动作，在同学们刚进入课程后期就加上这个动作时，还没完成一组，就有一大半人倒地不起了。这个动作对人体核心稳定能力的提升有很大帮助，所以考虑再三还是把这个动作加在训练体系中。动作幅度不是很大，关键是要始终保持腹肌处于有意识的收紧状态，双手向下拍打时会给躯干一定的刺激干扰，身体如想保持稳定不动，核心肌肉就会被启动起来。为了防止腹部力量不足而造成颈部发力受损，所以限定这个动作不要超过一百次，也因此而得名"百次振拍"。

（一）起始姿势

练习者仰卧垫上，将弹力带绕过举起的双腿，上腹发力带动上体抬起，双手抓握住弹力带，眼睛看下腹方向（见图 3-36）。

图 3-36　弹力带百次振拍

（二）动作要领

呼气，双手下拍 5 次；吸气，双手下拍 5 次；持续 10 个呼吸。

（三）注意事项

1. 下拍过程中，身体躯干始终保持不动。
2. 下拍时肩部尽量放松，手尽量向远端延展，想象手在拍水，要拍得水花四溅。
3. 腹部保持发力，如果腹部力量不足，颈部开始代偿发力，就马上停止继续练习。
4. 运动过程中，保持呼吸，不要屏气。

一组训练重复练习 10～12 次，建议每次完成 2～4 组，可根据个人的体能水平进行调整。

六、扇面开合

"扇面开合"这个动作可以在加强下腹锻炼的同时减掉大腿内侧的赘肉。练习者将举至垂直地面的腿向两侧打开，就好像一个折扇在做开合，所以命名为"扇面开合"。如果练习者能躺在泡沫轴上完成这个动作的话，泡沫轴的不稳定性会促进学生找到下腹部核心收紧的感觉。

（一）起始姿势

练习者仰卧在泡沫轴或垫上，将双腿举至垂直于地面，双手自然放在身体两侧，肩部放松，腹部尽量压实地面（见图 3-37）。

图 3-37　扇面开合 1

（二）动作要领

练习者吸气，两脚勾脚向两侧打开至最大限度；呼气，下腹部发力，带动双腿绷脚收回至双脚并拢（见图 3-38）。

图 3-38　扇面开合 2

（三）注意事项

1. 运动过程中，身体躯干始终保持不动。
2. 下落要充分，直至大腿有伸展感。
3. 举腿过程中，下腹部发力将双腿拉回中立位。
4. 运动过程中，肩部放松，不要借助手臂的力量。

一组训练重复练习 10～12 次，建议每次完成 2～4 组，可根据个人的体能水平进行调整。

第五节　臀腿的锻炼方法

结实挺拔的双腿并非与生俱来，而是人们用汗水雕琢而成，粗腿和肥臀不仅有碍人体线条美，更会给劳动、工作和生活带来诸多不便。挺、圆、翘的臀部与胸部上下呼应，是人体曲线美和性感美的两大亮点。作为连接下肢与躯干的枢纽臀部，发达大腿的练习动作除腿屈伸外，大多数双关节的复合动作，如深蹲、剪蹲等，都会使臀部肌群受到不同程度的刺激。根据大腿与臀肌在锻炼中密不可分的特点，可以将这两部分结合，训练更为有效。更重要的是，复合动作允许使用大负重，这样就可以给肌肉以超强刺激，从而实现更快速地生长。

一、坐姿勾脚提踵

坐姿勾脚提踵可以募集和锻炼大腿前侧，如果配合后面介绍的大腿前侧伸展会对骨盆前倾矫正和膝关节康复有很大的帮助。

（一）动作要领

练习者坐在垫上，目视前方，后背挺直，一腿盘起，另一腿伸直。呼气，感觉大腿好像有根线向上提腿，直腿勾脚上举离地；吸气，控制缓慢下落还原（见图3-39）。

图 3-39　坐姿勾脚提踵

（二）注意事项

1. 充分勾脚，脚跟在脚尖前，不能仅勾脚趾。

2. 后背保持立直。

一组训练重复练习 15～18 次，建议每次完成 2 组，可根据个人的体能水平进行调整。

二、侧卧大腿内侧勾脚侧抬腿

大腿内侧常是人们堆积脂肪的位置，所以针对大腿内侧的锻炼是非常有必要的。这个动作虽然锻炼强度不大，但可以有效激活大腿内侧沉睡的肌肉，从而减掉赘肉，在训练安排过程中，可以穿插在较高强度训练的动作之间。

（一）动作要领

侧卧，练习者保持身体侧面立直并垂直于地面，下面的腿勾脚伸直，上腿屈膝踩在身体前侧；呼气，下面大腿内侧腹发力，将腿抬起，保持 2～4 秒；吸气还原（见图 3-40）。

图 3-40　侧卧大腿内侧勾脚侧抬腿

（二）注意事项

1. 身体侧卧，练习者身体保持垂直于地面。

2. 肩放松，肩如果紧张，练习者会借助背部力量将身体抬起。

3. 练习者尽量勾脚，这样会增强大腿内侧锻炼效果。

4. 可以在练习者颈部下方垫一块毛巾，减少颈部压力。

一组训练重复练习 10～12 次，建议每次完成 4 组，可根据个人的体能水平进行调整。

三、骨盆卷动

骨盆卷动是一个针对臀部、大腿后侧和下背锻炼的经典动作，来自"普拉提运动"。动作可以提高下背灵活性，矫正骨盆前倾，增强核心控制能力，改善消化系统，预防便秘，促进下肢血液循环。

（一）起始姿态

练习者两腿稍分，屈腿仰卧于垫上，双手置于身体两侧，保持骨盆中立位，吸气保持不动（见图3-41）。

图 3-41　骨盆卷动 1

（二）动作要领

练习者呼气，由骶骨开始，脊椎逐节抬起至大腿与躯干成一直线，抬起时，可以想象每节脊椎是一枚钉子从地上逐个拔起；吸气保持，呼气下落时，脊柱下有一排花生米，将花生米逐个压碎，脊柱逐节下落还原于垫上（见图3-42）。

图 3-42　骨盆卷动 2

（三）注意事项

1. 腹肌发力控制脊柱运动，使脊椎逐节运动。
2. 完成动作时，保持两腿间一拳远的距离。
3. 抬至最高点时，臀部要充分收紧，髋部要充分挺出。
4. 五脚趾分开，脚掌踏实地面，两脚平均受重。

一组训练重复练习10～12次，建议每次完成2～4组，可根据个人的体能水平进行调整。

四、侧踢

侧踢这个动作也是来自"普拉提运动"，该动作可以加强臀部外侧肌肉力量，从而提高走路的稳定性。在完成动作时，练习者的骨盆会处于侧倾位置，所以多让骨盆较低一侧做这个动作可以矫正骨盆侧倾，从而矫正脊柱侧弯。另外，完成这个动作需要保持上半身稳定不动，需要核心收紧控制，可以提高增强核心控制能力，从而起到减脂塑形的效果。

（一）起始姿态

练习者单膝跪于垫子上，另一条腿直腿体侧支撑，上半身立直，目视前方，双臂侧平举。练习者身体控制垂直地面侧倒至平行于地面，单手撑地，另一手扶头后，腿勾脚抬至平行于地面（见图3-43）。

图3-43　侧踢1

（二）动作要领

练习者在保持上身稳定的情况下，呼气勾脚向前踢腿两次，吸气向后踢腿两次（见图 3-44）。

图 3-44 侧踢 2

（三）注意事项

1. 核心收紧，保持在踢腿过程中身体没有晃动。

2. 臀部发力，保持腿的高度不变。

3. 支撑手臂保持微屈，不要耸肩。

4. 要有意识收紧腹部。

单侧训练重复练习 10～12 次后，马上进行对侧的锻炼，建议每次完成 2～4 组，可根据个人的体能水平进行调整。

五、蝎子摆尾

因为完成动作时，后举起的腿好像蝎子举起尾针，所以称这个动作为"蝎子摆尾"。蝎子摆尾动作可以很好地增强臀部后伸功能，后伸功能增强后可令臀部更加后翘，另外此动作还可以矫正骨盆前倾。

（一）动作要领

练习者跪撑，一条腿屈膝 90°，勾脚，自然下落。呼气，臀部发力引领脚跟垂直向上蹬，吸气还原（见图 3-45）。

图 3-45　蝎子摆尾

（二）注意事项

1. 躯干保持直线平行于地面，勾脚放松并沿地面的垂线上举。

2. 腹部收紧保持髋部固定，不要塌腰。

3. 保持身体稳定，重心不要偏移至支撑腿一侧。

4. 保持沉肩，肘部微屈，想象腋窝下夹着一条毛巾。

一组训练重复练习 10～12 次，建议每次完成 2～4 组，可根据个人的体能水平进行调整。

六、箭步蹲

箭步蹲在训练中没有其他动作可以替代，对于发展臀腿力量是很重要的，也是改善髋部柔韧性的重要辅助训练项目。箭步蹲是少见的几个双腿位置和发力不对称的训练项目之一。人在移动和长时间的站立情况下双腿都是不对称发力的，因此箭步蹲具有极高的训练价值。

（一）动作要领

练习者双手交叉抱拳或侧平举，身体正直站立，向前跨出一大步。保持上身挺直下蹲，至前腿成90°，然后缓慢站起并将重心过渡到前腿上，收回后腿成直立姿势，向前迈另一条腿，再次下蹲（见图3-46）。

图 3-46　箭步蹲

（二）注意事项

1. 上半身挺直，保持收腹，不要拱腰。

2. 腹部收紧保持髋部固定，使髋部前侧有伸展感。

3. 保持身体重心在身体中间，重心不要偏移至后腿一侧。

4. 动作全程头往上延伸，而且下巴要收好，这样可以保持整个躯干正直。

5. 下降过程是直卜，想象后腿膝盖向下马上就要碰到地板为宜。

一组训练重复练习10～12次，建议每次完成2～4组，可根据个人的体能水平进行调整。

七、跳箱纵跳

跳箱纵跳是练习者直接跳跃到一定高度的跳箱上的训练方式，被视为是发展下肢爆发力最佳的训练方法之一，目前正被广泛地使用。在航空公司面试中，立定跳远是男女都需要测试的项目，对发展下肢爆发力的研究显示，跳箱纵跳和力量深蹲相结合的训练对提升下肢爆发力的效果非常显著。

（一）动作要领

视练习者的能力，选择合适高度的跳箱，如图 3-47 所示，练习者站立在箱子前，双脚与肩同宽。然后进行预备动作，跳往箱子，并轻轻地落在箱子上。完成后下来，根据个人体能情况决定练习次数，重复进行。

图 3-47 跳箱纵跳

（二）注意事项

1. 选择结实和稳定的跳箱是安全的保障，在跳箱顶部和侧面没有凸起物。
2. 跳箱顶上应该有固定的垫子，能起到缓冲作用，但不应该减慢运动速度。
3. 做跳跃前要做充分的热身和伸展。
4. 做重复跳跃训练时，练习者的肘、肩、髋以及膝关节稍屈，为下一次跳跃做好准备。

第六节　全身综合的锻炼方法

一、陆上畅游

陆上畅游这个动作也是来源于"普拉提运动"，如果能遵守普拉提核心控制的发力原则，这个动作可以实现提高核心控制能力，加强全身肌肉力量，减脂塑形和平衡身体矫正脊柱侧弯的功效，陆上畅游可以称为健身界中的"万能动作"。

（一）动作要领

练习者跪撑，吸气，将一条腿和对侧的手臂反向延伸，轻触地面；呼气，保持躯干稳定，同时将延伸的手和脚抬至于身体同一平面；吸气，还原轻触地面，完成3～5次后换对侧手、脚（见图3-48）。

图3-48　陆上畅游

（二）注意事项

1. 跪撑时，手臂微屈，肩胛骨保持下回旋，不要耸肩。

2. 抬起手、脚时，腹肌收紧，躯干保持稳定，想象腰骶部上面有一杯热茶，抬起手、脚的时候不要将水洒出来。

3. 延伸手和脚的时候，肩部保持稳定，不要耸肩。

4. 想象手和对侧的脚向前后两个方向延展。

一次训练重复练习6～12次，一侧练习结束后马上练习对侧，两侧完成为1组，建议每次完成 2～4 组，可根据个人的体能水平进行调整。

二、滚动如球

滚动如球这个动作需要使用腹部力量控制身体，所以可以锻炼腹肌，还可提高身体整体控制能力。练习者在滚动中，其背部肌群会得到按摩和伸展，可提高脊柱灵活性，缓解和预防背痛。

（一）动作要领

练习者双手抱住小腿外侧，身体保持屈曲，吸气后倒，呼气腹肌发力起身，身体像球一样来回滚动（见图 3-49）。

图 3-49　滚动如球

（二）注意事项

1. 大腿与躯干、大腿和小腿距离不变，避免借助甩腿的力量完成动作。

2. 脚不着地，以尾骨支撑。

3. 下颌微收，好像含一个橘子，头部向远端延展，颈部不要过于前引。

4. 滚动时身体成一个整体，动作要流畅圆滑。

一组训练重复练习 10～12 次，建议每次完成 2～4 组，可根据个人的体能水平进行调整。

三、侧支撑弹力带转体

侧支撑弹力带转体是一个高难进阶动作，可以提高身体控制能力，消除侧腹的赘肉，放松单侧背部肌肉，矫正脊柱旋转。

（一）动作要领

练习者直腿侧撑地面，腹肌发力保持身体呈一条直线，前臂和手掌撑地，呼气，上举的手臂外展向身后旋转，吸气，还原手臂至体侧；再次呼气，手臂内收向身下延伸，带动脊柱沿纵轴扭转，吸气，还原中立位（见图 3-50）。

图 3-50 侧支撑弹力带转体

（二）注意事项

1. 腹部收紧，保持膝盖、髋部、肩部在一条直线。

2. 伸展手指尖向远端延展，感觉好像有人拉着你的手指尖向远端延展，一直能够到对侧的墙壁，带动伸展同侧竖脊肌。

3. 身体绕脊柱纵轴旋转，不要出现歪斜。

一组训练重复练习10～12次，建议每次完成2～4组，可根据个人的体能水平进行调整。

（三）动作变形

屈膝侧撑转体：练习者直臂单手支撑完成动作需要很强的侧腹力量，对肩关节稳定性也是一个挑战，如果因为高度太大无法完成，可以尝试屈膝完成上述动作。

四、弹力带单腿俯身反向飞鸟

弹力带单腿俯身反向飞鸟是本训练体系中难度最大的技术动作之一，因为在单足站立的情况下还要完成背部肌肉锻炼，所以对下肢平衡能力有很大的挑战，但也因此可提升下肢平衡能力。这个动作还可提升核心稳定性。对于完成者的挑战还来自于大腿后侧的柔性和力量。

这个动作完成一次相当于同时完成臀部、背部和腿部3个动作训练，锻炼效率比较好，建议安排在课程后期，可让学生增加到训练计划中。

（一）起始姿势

练习者右脚站立并踏着弹力带用以固定，脚尖正对前方，上体保持平直，与地面平行，左腿抬起至和上半身成一条直线，双手掌心向下握住弹力带（见图3-51）。

图 3-51 弹力带单腿俯身反向飞鸟 1

（二）动作要领

练习者吸气，背部和肩后侧发力，带动弹力带拉起至与地面平行，吸气还原（见图 3-52）。

图 3-52 弹力带单腿俯身反向飞鸟 2

（三）注意事项

1. 骨盆要保持正位，不要歪斜，由于髋部处于无固定状态，身体易出现摇摆借力现象，腰椎的压力会比较大。

2. 发力不要过猛，动作始终控制匀速完成。

一组训练重复练习 10～12 次，建议每次完成 2～4 组，可根据个人的体能水平进行调整。

五、双踢腿

双踢腿的动作也是起源于"普拉提运动"，是因为在做背起动作之前需踢小腿两次而命名的。这个动作可以锻炼背部、臀部肌群，强化背部力量，伸展胸部过紧肌群，矫正圆肩驼背，另外对臀部内下沿的塑形有很好的效果。

（一）起始动作

练习者俯卧于垫上，双手十指交叉置于后背，两腿并拢，肩部放松，头自然摆向一侧（见图 3-53）。

图 3-53 双踢腿 1

（二）动作要领

练习者呼气，绷脚、屈膝、踢腿 3 次（见图 3-54）；练习者吸气，手臂后伸，头脚同时向两端延展，离开地面，保持 2～4 秒（见图 3-55）。

图 3-54　双踢腿 2

图 3-55　双踢腿 3

（三）注意事项

1. 手臂后伸时，头部向远端延伸，不要过度抬起。
2. 腹臀同时收紧，如果腹部和臀部没有收紧，上抬时会造成腰椎压力过大。
3. 踢腿时，腹部收紧保持核心稳定，想象肚子好像吸盘一样吸在地上。
4. 大腿尽量并拢，感觉臀部紧紧地夹在一起。

一组训练重复练习 4～6 次，建议每次完成 2～4 组，可根据个人的体能水平进行调整。

 作业与思考

作业：结合训练周期计划安排和自身情况，每周和搭档完成 2 次身体锻炼。

第四章

柔韧改善的伸展方法

教学目的和要求

通过本章的学习，使学生熟练掌握身体各部位伸展放松的技术。

 本章重点与难点

能够掌握身体各部位的伸展技术要领，使待放松部位能够得到充分伸展。

拉伸运动是帮助肌肉减缓、消除痉挛和僵硬的一个最好方法。疲劳后的拉伸运动能保护韧带、降低肌肉的紧张，使紧缩的肌肉放松，并能减少肌肉的压迫，促进血液循环，加速训练后的恢复，有助于放松身体。大量运动后的柔韧性拉伸，能扩大身体的运动范围，让身体运动更加轻松自如，从而提高身体的协调性，可以减缓肌肉酸痛。

本训练体系设定了颈肩部伸展、胸部伸展、手臂伸展、背部伸展、腹部伸展、臀腿伸展等全身各部位的技术动作，在结课前可以进行伸展套路式放松，也可根据个人训练内容进行针对性伸展。随着现代科技的发展和生活方式的改变，空乘人员可能会因为久坐或久站导致颈椎和上背部肌肉疲劳紧张，引起头部供血不足，导致头昏脑涨，工作效率下降，精神压力增加。工作间隙的拉伸能令肌肉放松，舒缓肌肉紧张及改善精神压力。

如果选择在课后放松环节或是在日常工作之余进行伸展，都应该遵守以下原则：

1. 伸展应该是无痛的，意念想着要放松的肌肉随着呼吸慢慢松下来。

2. 一定要在充分的热身训练后再进行拉伸。

3. 拉伸时均匀用力并注意调整呼吸，通常在进行肌肉伸展时配合呼气，静力保持或对抗时配合吸气。

4. 拉伸到肌肉感觉紧张时停止，注意循序渐进增加强度。

5. 注意拉伸对称肌肉，保证对称肌肉的放松有利于保持体态端正。

6. 拉伸时注意保持正常体位，有利于保证目标肌肉获得良好拉伸，并且不影响其他肌肉。

第一节　颈肩部的伸展方法

一、颈肩后部的伸展

（一）动作要领

练习者盘坐于垫上，头向一侧屈，呼气，另一侧的手臂向下延伸，吸气保持（见图 4-1）；呼气，眼睛向延伸手臂一侧的斜上 45°瞟视，使颈后部肌群得到伸展。伸展过程中，可能会感觉肩部有酸痛的感觉，之后会感觉肩部非常轻松。这个动作可以令高耸的肩部得到改善，可以调节高低肩，缓解由于经常背包而造成的肩部肌肉紧张。

图 4-1　颈后部伸展

（二）注意事项

1. 保持身体正直，伸展过程保持头顶引领颈部向远端延展。
2. 伸展过程中保持呼吸，感受肌肉伸展的感觉。
3. 动作缓慢，伸展不宜过大。

二、颈部前后的伸展

（一）动作要领

练习者盘坐于垫上，双手十指交叉，向上举过头顶，双臂夹住双耳，呼气低头，下颌靠近胸部，吸气还原，呼气头尽量后仰，吸气还原，完成三次（见图 4-2）。

（二）注意事项

1. 伸展过程中，保持躯干立直。
2. 双臂上举，保持夹住双耳。
3. 如果有手麻现象，说明练习者肩部过紧，就先做第一个肩部动作进行放松。

三、肩内旋肌群伸展

（一）动作要领

练习者两眼平视眼前，上身保持直立，收缩腹部，盘坐于垫上，将弹力带重叠，留约前臂长，双手分别握住两头。左手在上，右手在下，位于体后。呼气，手将弹力带向上拉，使右肩内旋肌群得到伸展（见图 4-3）。

图 4-2　颈部前后伸展

（二）注意事项

1. 伸展过程中，躯干立直。

2. 伸展过程中，肩胛骨前侧肌肉有伸展感时，可让有伸展感的肌肉对抗拉伸的力量，可以提高伸展感。

3. 伸展过程中不要耸肩。

图 4-3　肩内旋肌群伸展

四、肩外旋肌群伸展

（一）动作要领

练习者两眼平视前方，上身保持直立，收缩腹部，两脚与肩同宽站立，膝微屈，将弹力带重叠，留约前臂长，双手分别握住两头。右手在上，左手在下，位于体后。呼气，右手将弹力带向上拉（见图 4-4）。

图 4-4　肩外旋肌群伸展

（二）注意事项

1. 伸展过程中，躯干立直。

2. 伸展过程中，肩胛骨前侧肌肉有伸展感时，可让有伸展感的肌肉对抗拉伸的力量，可以提高伸展感。

3. 伸展过程中不要耸肩。

五、肩前部和手臂伸展

（一）动作要领

练习者两眼平视前方，上身保持直立，收缩腹部，两脚与肩同宽站立，膝微屈，将弹力带重叠，留约前臂长，双手分别握住两头，两手位于体后。呼气，两手向两侧延展，吸气，保持不动，连续三个呼吸（见图4-5）。

图 4-5　肩前部和手臂前侧伸展

（二）注意事项

1. 伸展过程中保持手臂向后伸展。

2. 保持收腹，不要让躯干后仰。

六、双人压肩伸展

（一）动作要领

练习者相对站立，双脚打开与肩同宽，将双臂搭在对方的肩上，呼气，靠自身重力下压肩部，使肩部的柔韧性打开，这个动作可以伸展到肩胛下肌，对圆肩驼背的矫正有一定作用（见图4-6）。

图 4-6　双人压肩伸展

（二）注意事项

1. 伸展过程中身体不要屈，保持平直。
2. 为避免肩部受伤，要持续下压发力，不要弹振式压肩。

第二节　胸臂部的拉伸方法

一、双人胸大肌伸展

（一）动作要领

练习者身体摆正，相对弓步站立，单臂屈臂 90°相对，身体弓步向前推，使胸部前侧得到伸展（见图4-7）。

（二）注意事项

1. 准备时教练与练习者肘部都垂直地面，并贴在一起。

2. 髋部正对前方。

3. 练习者保持挺胸。

图 4-7　双人胸大肌伸展

二、弹力带胸臂部伸展

（一）动作要领

　　练习者盘坐或站立，身体摆正，目视前方，双手握住比肩稍宽的弹力带置于体后，手臂微屈，掌心向前。呼气，双手由上举 135°下拉至 45°左右，使胸部和上臂得到伸展（见图 4-8）。

（二）注意事项

1. 身体保持不动。

2. 肩部放松，不要耸肩代偿。

3. 手肘保持微屈，没有角度变化。

图 4-8 弹力带胸臂部伸展

三、手臂后侧伸展

（一）动作要领

练习者两脚与肩同宽站立，收腹，上体保持直立，一手直伸向体侧，另一手来回伸直手臂的手肘，使手臂后侧的肌肉得到伸展（见图 4-9）。

图 4-9 手臂后侧伸展

（二）注意事项

1. 伸展过程中，练习者保持肩部放松，不要耸肩。

2. 伸展过程中，练习者保持身体正直，身体不要随手肘伸展而转动。

第三节　背部的伸展方法

一、双人背阔肌伸展

（一）动作要领

练习者同向并立，外侧手扣在一起，内侧手彼此握住，两人同时发力，靠重力将髋部向远端顶出去，可使背阔肌得到伸展（见图 4-10）。

图 4-10　双人背阔肌伸展

（二）注意事项

1. 伸展过程中身体不要屈，保持一个平面。

2. 将重心交给对方，才能令髋部充分顶出。

二、上背伸展

（一）动作要领

练习者跪撑，双手与肩同宽，双膝与髋同宽，核心收紧，保持躯干平行于地面。练习者呼气，想象背部像猫一样收缩，腹部向上最大幅度弓背，弹力带的阻力会引导练习者更好地找到拱背的感觉；吸气，练习者还原躯干至平行于地面（见图4-11）。

图4-11 上背伸展

（二）注意事项

1. 肩胛骨下回旋，肘部微屈，两肘微微内旋。
2. 尾骨带动骶骨运动，保证腹部先发力。
3. 向上弓背时，配合最大程度呼气，可提高上背伸展感。

三、侧腰伸展

（一）动作要领

练习者坐于垫上，一腿向侧面伸直，另一腿盘坐，欲伸展侧手臂上举握住弹力带，由弹力引领上身向侧伸展，对手按在对侧盘腿的膝盖上来保持身体正直，呼气，上体向伸直腿一侧屈，伸展侧腰部肌肉，吸气，侧腰部发力与弹力带对抗，重复3次呼吸（见图4-12）。

图 4-12　侧腰伸展

（二）注意事项

1. 上身保持正直，不要弯曲。
2. 若腿后侧先有拉伸感，则可在腘窝下垫毛巾。

两人相互协助放松腰方肌效果会更好。女生常常久站之后，腰部出现疼痛，做辅助侧腰伸展，腰痛马上可得到缓解。协助者一手压按练习者膝盖，固定其髋部，另一手顶其侧腰，练习者呼气，协助者帮助其侧屈；练习者吸气时侧腰肌肉发力对抗（见图4-13）。

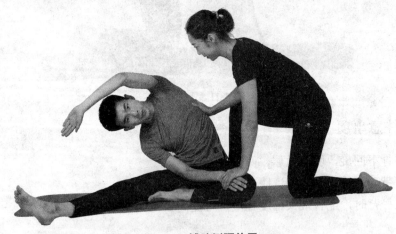

图 4-13　辅助侧腰伸展

四、弓步体前屈伸展

（一）动作要领

练习者弓步向前迈步，同时双手上举至头顶，呼气，弹振两次，肩部有伸展感（见

图 4-14）；练习者吸气，后脚收回，直接做体前屈；换腿前进完成对侧练习，为一次完整动作；前进大约 20 米左右为一组（见图 4-15）。

图 4-14 行进间弓步体前屈伸展 1

图 4-15 行进间弓步体前屈伸展 2

（二）注意事项

1. 伸展过程中，练习者上身保持立直。
2. 体前屈要尽量下够地面，使腰部得到伸展。
3. 弓步向前膝盖不要超过脚尖。

第四节　腹部的拉伸方法

一、腹部伸展

（一）动作要领

练习者俯卧于垫上，双手置于胸两侧（见图4-16），吸气，头顶引领，由颈椎逐节抬起至手臂伸直，使腹部得到伸展，保持3～4秒；呼气，脊柱逐节还原地面（见图4-17）。

图4-16　腹部伸展1

图4-17　腹部伸展2

（二）注意事项

1. 肩部下回旋，头顶向远端延展。
2. 背部收紧，带动上体抬起。
3. 肘部保持微屈。
4. 腹部和臀部同时收紧，髋部固定在地面上，如果臀、腹部没有收紧，会造成腰椎压力过大而产生腰痛。

二、脊柱旋转伸展

（一）动作要领

练习者上身立直坐于垫上，将右腿伸直，屈左膝，将左脚放在右腿外侧，右手肘顶住左大腿外侧，上身转向左侧，右臂伸直向后延展，眼睛回转看左肩方向。呼气，核心发力令身体回转，而右肘发力顶住左腿，使脊柱在旋转位置得到水平伸展（见图4-18）。

图 4-18　坐姿脊柱扭转伸展

（二）注意事项

1. 伸展过程中头部向天花板方向顶过去，使身体在旋转过程中上身保持直立。
2. 伸展过程中腹肌主动发力和大腿对抗，才能使脊柱得到伸展。

三、弓步移动转体伸展

（一）动作要领

练习者弓步向前，同时双手合十向迈腿的一侧尽力转体，使上半身得到伸展感；吸气，后脚收回，恢复直立；换腿前进完成对侧练习，为一次完整动作；前进大约 20 米左右为一组（见图4-19）。

（二）注意事项

1. 伸展过程中，上身保持直立，使腹肌有充分得到伸展感，从而激化腹肌。
2. 伸展过程中肩部放松。
3. 弓步向前膝盖不要超过脚尖。

图 4-19 弓步转体伸展

第五节 臀部的拉伸方法

一、臀部肌群伸展的动作要领

练习者在保持髋部正对前方的情况下，屈一条腿置于躯干前侧的垫上，另一条腿后伸置于垫上，双臂支持上体（见图 4-20）。练习者呼气俯身趴于垫上，适度伸展屈腿侧的臀部。适当将躯干向左侧和右侧旋转，可以提高伸展臀部效果（见图 4-21）。

图 4-20 臀部肌群伸展 1

图 4-21 臀部肌群伸展 2

二、臀部肌群伸展的注意事项

1. 伸展过程中，躯干保持正直，髋部正对前方。
2. 后伸腿保持与躯干一条直线，大腿前侧尽量贴近地面。
3. 屈腿的脚保持勾脚。
4. 动作配合呼吸，缓慢轻柔。
5. 转体时髋部要固定在地面上。

第六节 腿部的拉伸方法

一、单人大腿前侧肌群伸展

（一）动作要领

练习者盘坐于垫上，一手抓住同侧腿的脚踝上方，令大小腿折叠，另一手支撑地面，保持身体平衡。呼气，拉动脚踝令大小腿折叠幅度加大，使大腿前侧有伸展感；吸气，保持不动，重复 3 个呼吸（见图 4-22）。

图 4-22 大腿前侧肌群伸展

（二）注意事项

1. 伸展过程中，髋部要充分向前挺送。

2. 握住脚踝的手要抓住脚踝上方，如果抓握脚部，力量过大的时候容易使脚踝受伤。

3. 核心收紧，保持身体平衡，不至于倾倒于地面。

4. 动作配合呼吸，缓慢轻柔。

二、双人大腿前侧伸展

（一）动作要领

两名练习者相对而站，同时一手抓住自己脚踝上方，令大小腿折叠，另一手扶住搭档，保持身体平衡。呼气，拉动脚踝令大小腿折叠幅度加大，使大腿前侧有伸展感；吸气，保持不动，重复 3 个呼吸（见图 4-23）。

图 4-23　双人大腿前侧伸展

（二）注意事项

1. 伸展过程中，髋部要充分向前挺送。

2. 握住脚踝的手要抓住脚踝上方，如果抓握脚部力量过大则容易使脚踝受伤。

3. 核心收紧，保持身体平衡，不至于倾倒。

4. 动作配合呼吸，缓慢轻柔。

三、髋屈肌群伸展

（一）动作要领

练习者弓步，上体保持正直，目视前方。呼气，髋部向前挺送，使大腿上端有伸展感；吸气，保持不动，重复 3 个呼吸；交换完成对侧腿部的伸展（见图 4-24）。

图 4-24　前弓步伸展

（二）注意事项

1. 伸展过程中，臀部收紧，髋部要充分向前挺送。

2. 髋部正对前方，后腿伸直。

3. 核心收紧，保持身体平衡。

4. 动作配合呼吸，静力保持 15 秒左右。

四、大腿内侧肌群伸展一

（一）动作要领

练习者两腿分坐于垫上，上体保持正直，呼气，上体前倾使胸部贴近地面，令大腿内后侧得到伸展；吸气，保持，重复 3 个呼吸（见图 4-25）。

图 4-25　大腿内侧肌群伸展

（二）注意事项

1. 伸展过程中，骨盆保持稍前倾。
2. 上身保持直立。
3. 脚尖指向天花板或向后，不要脚尖向内扣。
4. 动作配合呼吸，缓慢轻柔。

五、大腿内侧肌群伸展二

（一）动作要领

侧弓步，上体保持正直，目视前方。呼气，臀部下压，使大腿内侧有伸展感；吸气，保持不动，重复 3 个呼吸；交换完成对侧腿部的伸展（见图 4-26）。

图 4-26　侧弓步伸展

（二）注意事项

1. 伸展过程中，上体保持正直。
2. 支撑脚的脚跟要保持落实于地面。
3. 核心收紧，保持身体平衡。
4. 动作配合呼吸，静力保持 15 秒左右。

六、大腿后侧肌群伸展

（一）动作要领

练习者仰卧于垫上，上体保持正直并抬离地面，双手抓住一条腿的脚踝，如果大腿后侧的柔韧性不够，可以抓住一条毛巾来降低难度。呼气，双臂回拉，使大腿贴近身体，令大腿后侧得到伸展；吸气，保持，重复 3 个呼吸（见图 4-27）。

图 4-27 大腿后侧肌群伸展

（二）注意事项

1. 伸展过程中，核心收紧，保持上半身稳定。
2. 伸展腿一侧的臀部不要抬离地面。
3. 脚尖尽量向远端延展。
4. 动作配合呼吸，缓慢轻柔。

（三）辅助大腿后侧肌群伸展

练习者仰卧于垫上，辅助者单膝跪姿，双手扶住练习者欲伸展的侧大腿，辅助者后腿压住练习者下面的脚，令其髋部不会随着伸展翻转。辅助者身体前倾，利用体重令练习者的大腿贴近身体，使其大腿后侧得到伸展；练习者呼气时大腿上抬配合伸展，吸气，保持不动，重复 3 个呼吸（见图 4-28）。

图 4-28　辅助大腿后侧肌群伸展

伸展过程中，练习者伸展腿一侧的臀部不要抬离地面，辅助者动作要轻柔缓慢。

 作业与思考

思考：伸展放松可应用在工作和生活的哪些领域中呢？

第五章

体能训练计划的制订和训练后的营养膳食建议

教学目的和要求

通过本章的学习，使学生掌握自我安排一次训练课的能力，能够根据周期计划，进行自我锻炼。

通过本章的学习，使学生了解健康饮食的合理比例，并且运用到生活实践中。

本章重点与难点

掌握训练课的结构和流程，具备合理安排一堂训练课的能力。

掌握各种营养素的功能。

第一节　体能训练课的基本结构

所谓空乘人员体能训练课的结构，是指体能训练的各组成部分及其进行的顺序。有机体要承受一定的生理负荷，也有一定的智力活动。因此，体育课的结构不仅要遵循人的认识活动的一般规律，而且还要遵循生理机能活动的规律。生理机能活动的规律，一般分为上升—稳定—下降 3 个阶段，它反映了人体工作能力变化的总趋势。根据上述规律，所以体能训练通常分为热身部分、基本部分和结束部分。

一、热身部分

运动热身是所有运动训练的重要组成部分，热身的重要性在于可以减少运动损伤的发生，降低损伤的风险系数，帮助增加身体的核心温度、肌肉温度，肌肉温度的增加，可以使肌肉更松弛、更灵活。有效的热身可以增加心率次数和呼吸的深度与频率，增加血液流量、血液氧气和血中营养给肌肉，这些可以帮助肌腱与关节接受更多的艰苦训练。

热身多从简单和轻松的动作开始，循序进入更高强度的训练，完整的热身活动应该包括一般性热身、动态移动拉伸和静态肌肉拉伸，三个部分联合作用给身体和心理积极影响，从而使练习者进入巅峰状态，整套热身动作大约需要 15 分钟。以下内容是在几轮授课实践后总结出的行之有效的热身套路，为了节约教学实验成本，就把这部分凝练成固定的套路，练习者仅需要按部就班操作即可。技术动作多采用常用的动作，而且其细节部分在前面章节也大都有详细介绍。建议在学生熟练掌握套路之后，教师可根据学生体能情况，创新出更符合学生情况的套路。

（一）有氧热身部分

一般性热身可以采用慢跑、跳绳或各种方向变化的跑步，时间通常为 6 分钟左右（见表 5-1），练习者身体就会达到发热，轻微出汗的效果。有氧锻炼也许相对抗阻锻炼要简单些，但并不意味着你要在跑步机或其他有氧锻炼器械上狂奔 6 分钟，因为训练者有可能在几个星期后，由于效果不够明显，而放弃本可以改变身体健康状况的有氧锻炼。

表 5-1 6 分钟跑步热身计划

1 min	快走
2~3 min	慢跑
4 min	最快速度跑
5 min	慢跑
6 min	最快速度跑
6min-	走

如果教学中没有足够的有氧器械，为增加热身训练趣味性和提升练习者的敏捷性，则可以采用各种变化跑步，如图 5-1 所示。

（二）动态移动伸展

动态伸展是指训练者在队列行进中进行的身体各部位伸展。因为行进中能保持运动强度，能进一步提高心率和体温，所以将其放在热身的第二部分。腿部肌肉占全身肌肉的 70%，这部分多采用腿部伸展可以不降低运动强度；另外，各种方向踢腿可改善由于久坐造成的髋部肌群紧张，弓步体前屈可以伸展过度紧张的下背肌群，预防骨盆前倾造成的腰背疼痛；最后的弓步转体可以激活腹部肌群，使腹部的肌肉像保护带一样保护住躯干，降低后面训练受伤的概率。

行进队列为两人并行，每个动作在行进中完成 20~30 米，恢复走步返回原队列，再重复练习一次。完成一个动作后再进行下一个动作的练习，练习时间大约为 4 分钟（见图 5-2）。

（三）静态伸展

静态伸展持续约 5 分钟，目的是使学生的各运动相关大肌群得到伸展，令各关节得到活动，并让过剩的动能消散，逐渐将心率调整至适合上课的范围，使学生在心理上做好上体育课的准备（见图 5-3）。

二、基本部分

基本部分安排体能训练的主体训练内容。在基本部分教学中，应根据课程的目标与学生的特点，合理地安排一些必要的提高身体素质的练习，以便学生更好地掌握教材内容和提高身体训练水平。注意练习与休息合理地相互交替。基本部分可根据人数、场地、器材条件以及教材的特点，采用全班的、分组的或个人的形式进行练习。为了贯彻区别对待的原则，一般可采用分组练习的方法。

一堂训练课，学生做练习时所承受的运动负荷的大小，是由运动的数量和强度所决定的。运动的量是指练习的次数和持续的时间以及练习的总距离和总重量等。运动的强度是指在单位时间内完成练习所用的力量和机体紧张的程度，运动负荷应根据运动的数量和强

图 5-1 各种方向变化的跑步

正踢腿

侧踢腿

外摆腿

里合腿

弓步体前屈

弓步转体

图 5-2 动态伸展套路

双人胸大肌伸展

双人压肩伸展

侧弓步压腿

双人大腿前侧伸展

以上伸展每个动作大概进行 1 分钟，然后进入下一个练习。

弓步压腿

双人背阔肌伸展

图 5-3　静态伸展

度来综合评定。同时，动作的质量（即动作的规格要求）与运动负荷的大小也有一定关系。上课的运动负荷应适当，过小达不到增强体质的效果，过大又会引起过度疲劳，影响健康。

检查和评定课程的运动负荷，一般采用以下几种方法。

（1）教育观察分析学生的表现，比如，面色、排汗量、呼吸、动作的准确性、控制身体的能力和注意力集中的程度等。

（2）学生自我感觉的食欲、睡眠、精神状态、对练习的兴趣、练习后的身体的疲劳程度、肌肉是否酸痛以及其他不适反应等。

（3）用心率遥测仪测量运动负荷，女生心率控制在 130～140 次/分，男生心率控制在 130～150 次/分。每分钟 130 次以下属于小运动负荷。达到 170 次/分，学生就会感到非常疲劳。在上课时如果心率在 130 次/分以上的练习任务量不到总任务量的 1/3，学生上课时情绪就比较消极，如果任务量达到总任务量的 1/2，学生上课状态就非常兴奋，学习情绪也比较高。

传统的教学模式是在教师的指导下进行的，教什么、学什么都得围绕教师的教学目标进行，这就势必造成个别学生"吃不饱"与"吃不了"。在崇尚健康第一、以终身体育为目标的今天，这样的模式已经不能适应学生对于体育项目的要求。基本部分的训练量安排应由教师指导，学生自由选择项目、自由编组、自主学习与锻炼。教师要适量安排每一堂课的内容，大约控制在每次课 2～3 个动作即可，尽量做到精讲多练，把练习时间交给学生；另外教师要在课前做好充分准备，以便能在课上回答学生在练习过程中不能解决的问题。在教学的过程中，教师根据学生选取的项目以及他们的认知水平、运动能力制定出各堂课的教学目标。学生围绕这个目标可采用多形式训练，实现锻炼目标。

三、结束部分

训练课结束部分的任务主要是解除练习者在训练课基本部分所造成的心理、生理上的紧张状态，现代体能训练把恢复作为训练的组成成分，训练课的结束也就意味着有机体全面恢复过程的开始，有组织的结束部分对恢复过程有着重要的作用。

根据人体结构，编排了下面的伸展放松套路，如图 5-4、图 5-5 所示，这个套路经过实践证明可以有效消除锻炼后肌肉酸痛，全面放松身心，动作紧凑连贯，节约练习时间。可以用在体育课和自我锻炼的尾段，也可独立使用。注意每次放松前保证身体充分热身，动作轻柔缓慢，配合呼吸，注意力集中于放松的肌肉上。

上背伸展

颈肩后部的伸展

弹力带胸部伸展

腹部伸展

臀部肌群伸展

完成伸展时要配合呼吸，每一个伸展动作保持极限位置至少15秒以上才能达到效果，若时间允许，应重复2组。

图5-4 身体伸展套路1

图 5-5 身体伸展套路 2

第二节　中期体能训练计划的建议

课外自我健身参考计划

在教学中我经常听到学生说太忙，没有时间进行锻炼，事实上每星期仅需抽出 3 个小时来锻炼就可以实现目标。长时间缺乏锻炼的身体如同耗尽能量的电池，不能支持学生进行高效的学习和工作，甚至没有精神投入丰富多彩的生活。想要获得完美体形，其实不必每天在健身房里花上几个小时锻炼，这种马拉松式的锻炼不仅没有必要，还可能产生副作用，因为这样会抑制人体免疫系统，影响锻炼的效果。锻炼的质量和数量共同决定最终的结果，高效的锻炼计划，每次大约一个小时，每周除了在航空体适能课中锻炼一次外，还需要在课后锻炼两次，一个月你就能发现自己的变化，两个月别人就会发现你的改变，三个月的锻炼就可以见到全新的自我。锻炼重在坚持，要把锻炼变成一种生活方式。

课后锻炼的程序和我们训练课安排相同，也分热身部分、基本部分和结束部分，热身部分和结束部分大家严格执行本章第一节介绍的热身套路和伸展放松套路即可，训练后身体感觉应该在舒服和可以忍耐之间，如果锻炼时身体没有明显出汗，那就是强度过低，需要缩短组间歇；如果锻炼后出现身体透支的感觉，那就是强度或训练量过大，可以减少动作的数量和组数。在这里将 24 次课外自我锻炼的基础部分列出来，大家按照顺序进行锻炼，并在实际完成情况和身体感觉处进行记录，慢慢就会看到自己体能提升的整个过程。

第一次课外锻炼

我们在开始自我蜕变之旅的第一站，本次自我锻炼的重点是胸部、背部和腹部（见表 5-2）。锻炼前可选择自己喜欢的音乐和适合的场地、器械。切记在锻炼开始部分要进行充分的热身套路，在结束部分进行不少于 15 分钟的伸展方式套路。训练后身体感觉应该在舒服和可以忍耐之间。

表 5-2　第一次 30 分钟力量锻炼计划

动作名称	动作示范	每组内重复数	完成组数	实际完成情况
俯卧撑		10～12 个	4 组	

续表

动作名称	动作示范	每组内重复数	完成组数	实际完成情况
仰卧飞鸟		10~12个	4组	
坐姿宽位高位下拉		10~12个	3组	
卷腹		10~12个	3组	
仰卧举腿		8~10个	4组	
完成后身体感觉	□没有出汗　□身体舒服　□能够忍耐　□身体透支			

第二次课外锻炼

本次锻炼以有氧锻炼为主，在跑步机上进行，可以提升肺活量（见表5-3）。一般情况下，走得越快，所消耗的热量就越多；走的距离越远，消耗的热量也越多。但很少有人能用很快的速度走很远的距离，除非他的身体素质非常好。这里有一个30分钟消耗热量计划的间歇训练法，它能让你在最短的时间内最大限度地消耗热量。切记在锻炼开始部分要进行充分的热身套路，在结束部分也要进行不少于 15 分钟的伸展方式套路。

表 5-3　30 分钟消耗热量计划 1

持续时间（min）	跑步机速度	坡度	速度（用身体感觉反映锻炼强度）
5	5	0	匀速散步，5min 后身体发热，也许需要脱件衣服
2	6	0	慢跑或快走，感觉很舒适，可以和朋友交谈，但有点喘
2	8	0	中速跑，身体感觉有一定负荷，和人交谈有点费力
2	6	0	慢跑或快走，感觉很舒适，尝试加大步幅
2	10	0	快速跑，尽力冲刺一样，全身心关注在跑步上
2	6	3	慢跑或快走，尽量冲刺后间歇好舒服，汗开始流出来了
2	8	5	中速跑，升高的坡度会使大腿感觉有点酸
2	10	3	再一次冲刺，这次比第一次负荷大，感觉有点疲劳，不过你可以战胜自我
2	6	8	快走，终于可以放松一下，升高的坡度可以拉伸到酸痛的小腿
2	8	5	中速跑，再来一次跑步，让你的心肺系统得到加强
2	6	3	快走，你感觉可以控制呼吸了，用毛巾擦擦要留下的汗
5	5	0	逐渐放慢速度，感觉心率和呼吸频率逐渐恢复正常

如果你不喜欢用跑步机，也可以将上述的训练计划和原则应用于椭圆仪、固定自行车和台阶训练器等有氧锻炼器械上。

第三次课外锻炼

第三次自我锻炼的重点是肩部、臂部和腹部（见表 5-4）。锻炼前选择合适阻力的弹力带，建议使用阻力比较小的弹力带。切记在锻炼开始部分要进行充分的热身套路，在结束部分进行不少于 15 分钟的伸展方式套路。很多动作刚开始学习时，肌肉发力感觉不好找到，此期间建议找一个伙伴一起锻炼。

表 5-4　第三次 30 分钟力量锻炼计划

动作名称	动作示范	每组内重复数	完成组数	实际完成情况
弹力带肩袖外旋		10～12 个	4 组	

续表

动作名称	动作示范	每组内重复数	完成组数	实际完成情况
弹力带肩部侧平举		10~12 个	4 组	
站姿弹力带臂弯举		10~12 个	4 组	
卷腹		10~12 个	3 组	
仰卧举腿		8~10 个	3 组	
完成后身体感觉	□没有出汗　□身体舒服　□能够忍耐　□身体透支			

第四次课外锻炼

第四次自我锻炼的重点是腿部、臀部和腹部（见表 5-5）。锻炼前可选择自己喜欢的音乐和适合的场地、器械。切记在锻炼开始部分要进行充分的热身套路，在结束部分进行不少于 15 分钟的伸展方式套路。锻炼时动作感觉如果不好，要多请教老师，让老师帮忙纠正动作，找到发力感觉。不必害羞，作为教师是很喜欢学生来问问题的。

表 5-5　第四次 30 分钟力量锻炼计划

动作名称	动作示范	每组内重复数	完成组数	实际完成情况
坐姿勾脚提踵		10～12 个	4 组	
蝎子摆尾		10～12 个	4 组	
箭步蹲		10～12 个	4 组	
元宝式仰卧起坐		10～12 个	2 组	
元宝式仰卧起坐增加版		8～10 个	2 组	
完成后身体感觉	□没有出汗　□身体舒服　□能够忍耐　□身体透支			

第五次课外锻炼

本次自我锻炼的重点是胸部、背部和腹部（见表 5-6）。切记在锻炼开始部分要进行充分的热身套路，在结束部分进行不少于 15 分钟的伸展方式套路。俯卧撑对大多数女生来说是一个挑战，如果感觉完成动作有困难，可以采用降低难度的动作，合适的方式才会让肌肉力量提升更快，其他动作也可以通过降低难度来完成，但一定要保证动作质量及数量。

表 5-6　第五次 30 分钟力量锻炼计划

动作名称	动作示范	每组内重复数	完成组数	实际完成情况
俯卧撑		8～10 个	4 组	
仰卧飞鸟		10～12 个	4 组	
坐姿宽位高位下拉		10～12 个	3 组	
卷腹		10～12 个	3 组	
腹斜肌交叉		8～10 个	4 组	
完成后身体感觉	□没有出汗　□身体舒服　□能够忍耐　□身体透支			

第六次课外锻炼

第六次自我锻炼的重点是肩部、臂部和背部（见表5-7）。切记在锻炼开始部分要进行充分的热身套路，在结束部分进行不少于15分钟的伸展方式套路。锻炼侧腹的元宝仰卧起坐一定要完成一侧后，马上做另一侧，中间没有间歇，是完整的一组。

表 5-7　第六次 30 分钟力量锻炼计划

动作名称	动作示范	每组内重复数	完成组数	实际完成情况
弹力带肩部侧平举		10~12 个	4 组	
站姿弹力带臂弯举		10~12 个	4 组	
肱三头肌颈上屈伸		10~12 个	4 组	

续表

动作名称	动作示范	每组内重复数	完成组数	实际完成情况
元宝式仰卧起坐		10～12 个	4 组	
弹力带百次振拍		8～10 个	2 组	
完成后身体感觉	□没有出汗　□身体舒服　□能够忍耐　□身体透支			

第七次课外锻炼

第七次自我锻炼的重点是腿部、臀部和腹部（见表 5-8）。锻炼前可选择自己喜欢的音乐和适合的场地、器械。切记在锻炼开始部分要进行充分的热身套路，在结束部分进行不少于 15 分钟的伸展方式套路。骨盆卷动动作要找到臀部发力的感觉，臀部才会上翘。

表 5-8　第七次 30 分钟力量锻炼计划

动作名称	动作示范	每组内重复数	完成组数	实际完成情况
骨盆卷动		10～12 个	4 组	
侧卧大腿内侧勾脚侧抬腿		10～12 个	4 组	
箭步蹲		10～12 个	4 组	

续表

动作名称	动作示范	每组内重复数	完成组数	实际完成情况
卷腹		10~12 个	3 组	
元宝式仰卧起坐增加版		8~10 个	4 组	
完成后身体感觉	□没有出汗　□身体舒服　□能够忍耐　□身体透支			

第八次课外锻炼

本次锻炼以有氧锻炼为主，在跑步机上进行，可以提升肺活量（见表 5-9）。这次锻炼结束后，你应该已经进行了整整一个月的锻炼，身体会发生一定变化，如腰围和腿围会下降，但体重并不会降低很多，反而会增加 1~2 千克，但不要担心，这是身体在变健康的开始。切记在锻炼开始部分要进行充分的热身套路，在结束部分进行也要进行不少于 15 分钟的伸展方式套路。

表 5-9　30 分钟消耗热量计划 2

持续时间（min）	跑步机速度	坡度	速度（用身体感觉反映锻炼强度）
5	5	0	匀速散步，5min 后身体发热，也许需要脱件衣服
2	6	0	慢跑或快走，感觉很舒适，可以和朋友交谈，但有点喘
2	8	0	中速跑，身体感觉有一定负荷，和人交谈有点费力
2	6	0	慢跑或快走，感觉很舒适，尝试加大步幅
2	10	0	快速跑，尽力冲刺一样，全身心关注在跑步上
2	6	3	慢跑或快走，尽量放松，感觉身体舒畅，汗开始流出来了
2	8	5	中速跑，升高的坡度会使大腿感觉有点酸
2	10	3	再一次冲刺，这次比第一次负荷大，感觉有点疲劳，不过你可以战胜自我
2	6	8	快走，终于可以放松一下，升高的坡度可以拉伸到酸痛的小腿
2	8	5	中速跑，再来一次跑步，让你的心肺系统得到加强
2	6	3	快走，你感觉可以控制呼吸了，用毛巾擦擦要留下的汗
5	5	0	逐渐放慢速度，感觉心率和呼吸频率逐渐恢复正常

如果你不喜欢用跑步机，也可以将上述的训练计划和原则应用于椭圆仪、固定自行车和台阶训练器等有氧锻炼器械上。

第九次课外锻炼

本次自我锻炼的重点是胸部、背部和腹部（见表 5-10）。锻炼前可选择一本比较重的书作为夹胸的负重物。切记在锻炼开始部分要进行充分的热身套路，在结束部分进行不少于 15 分钟的伸展方式套路。

表 5-10 第九次 30 分钟力量锻炼计划

动作名称	动作示范	每组内重复数	完成组数	实际完成情况
俯卧撑		10~12 个	4 组	
夹胸		10~12 个	4 组	
跪姿脊柱回转单臂划船		10~12 个	4 组	
仰卧举腿		8~10 个	3 组	

续表

动作名称	动作示范	每组内重复数	完成组数	实际完成情况
腹斜肌交叉		8～10个	4组	
完成后身体感觉	□没有出汗 □身体舒服 □能够忍耐 □身体透支			

第十次课外锻炼

第十次自我锻炼的重点是肩部、臂部和背部（见表5-11）。以下肩部锻炼动作是经典的改善肩部活动度的动作，可以预防和治疗肩周炎，做之前找好锚点固定弹力带。切记在锻炼开始部分要进行充分的热身套路，在结束部分进行不少于15分钟的伸展方式套路。

表 5-11　第十次 30 分钟力量锻炼计划

动作名称	动作示范	每组内重复数	完成组数	实际完成情况
拔剑式		10～12个	3组	
安全带式		10～12个	3组	

续表

动作名称	动作示范	每组内重复数	完成组数	实际完成情况
辅助双杠臂屈伸		5～8 个	2 组	
陆上畅游		10～12 个	3 组	
滚动如球		12～15 个	3 组	
完成后身体感觉	□没有出汗　□身体舒服　□能够忍耐　□身体透支			

第十一次课外锻炼

第十一次自我锻炼的重点是腿部、臀部和腹部（见表 5-12）。现在你可能会进入锻炼困难期，会找很多理由不去锻炼，切记退缩的理由不用多，一个就够，但你从此就和成功无缘，还记得你想要什么吗？加油！

表 5-12　第十一次 30 分钟力量锻炼计划

动作名称	动作示范	每组内重复数	完成组数	实际完成情况
坐姿勾脚提踵		10～12 个	4 组	

续表

动作名称	动作示范	每组内重复数	完成组数	实际完成情况
蝎子摆尾		10~12 个	4 组	
箭步蹲		10~12 个	4 组	
侧支撑弹力带转体		6~8 个	2 组	
元宝式仰卧起坐增加版		10~12 个	2 组	
完成后身体感觉	□没有出汗　□身体舒服　□能够忍耐　□身体透支			

第十二次课外锻炼

本次自我锻炼的重点是胸部、背部和腹部（见表 5-13）。目前的技术动作应该做得很熟练了，锻炼时组数和数量可以根据自身感觉适当增加一些。切记在锻炼开始部分要进行充分的热身套路，在结束部分进行不少于 15 分钟的伸展方式套路。

表 5-13　第十二次 30 分钟力量锻炼计划

动作名称	动作示范	每组内重复数	完成组数	实际完成情况
俯卧撑		8～10 个	4 组	
仰卧飞鸟		10～12 个	4 组	
坐姿宽位高位下拉		10～12 个	3 组	
基本背伸展		3～5 个	3 组	
腹斜肌交叉		8～10 个	4 组	
完成后身体感觉	□没有出汗　□身体舒服　□能够忍耐　□身体透支			

第十三次课外锻炼

第十三次自我锻炼的重点是肩部、臂部和背部（见表 5-14）。肩部锻炼重点要保持沉肩，沉肩，再沉肩。切记在锻炼开始部分要进行充分的热身套路，在结束部分进行不少于 15 分钟的伸展方式套路。

表 5-14　第十三次 30 分钟力量锻炼计划

动作名称	动作示范	每组内重复数	完成组数	实际完成情况
弹力带肩部侧平举		10～12 个	4 组	
站姿弹力带臂弯举		10～12 个	4 组	
肱三头肌颈上屈伸		10～12 个	4 组	
元宝式仰卧起坐		10～12 个	4 组	
腹斜肌交叉		8～10 个	4 组	
完成后身体感觉	□没有出汗　□身体舒服　□能够忍耐　□身体透支			

第十四次课外锻炼

第十四次自我锻炼的重点是腿部、臀部和腹部（见表 5-15）。今天增加了有挑战性的全身锻炼内容，不要害怕，努力尝试，在不断完善技术动作的同时，你的平衡能力也得到了极大的提升。切记在锻炼开始部分要进行充分的热身套路，在结束部分进行不少于 15 分钟的伸展方式套路。

表 5-15　第十四次 30 分钟力量锻炼计划

动作名称	动作示范	每组内重复数	完成组数	实际完成情况
骨盆卷动		10～12 个	4 组	
侧卧大腿内侧勾脚侧抬腿		10～12 个	4 组	
弹力带单腿俯身反向飞鸟		8～12 个	4 组	
侧支撑弹力带转体		6～8 个	4 组	
元宝式仰卧起坐增加版		8～10 个	4 组	
完成后身体感觉	□没有出汗　□身体舒服　□能够忍耐　□身体透支			

第十五次课外锻炼

本次锻炼以有氧锻炼为主，在跑步机上进行，可以提升肺活量（见表 5-16）。你走得越快，所消耗就越多。切记在锻炼开始部分要进行充分的热身套路，在结束部分进行也要进行不少于 15 分钟的伸展方式套路。

表 5-16　30 分钟消耗热量计划 3

持续时间（min）	跑步机速度	坡度	速度（用身体感觉反映锻炼强度）
5	5	0	匀速散步，5min 后身体发热，也许需要脱件衣服
2	6	0	慢跑或快走，感觉很舒适，可以和朋友交谈，但有点喘
2	8	0	中速跑，身体感觉有一定负荷，和人交谈有点费力
2	6	0	慢跑或快走，感觉很舒适，尝试加大步幅
2	10	0	快速跑，尽力冲刺一样，全身心关注在跑步上
2	6	3	慢跑或快走，尽量冲刺后间歇好舒服，汗开始流出来了
2	8	5	中速跑，升高的坡度会使大腿感觉有点酸
2	10	3	再一次冲刺，这次比第一次负荷大，感觉有点疲劳，不过你可以战胜自我
2	6	8	快走，终于可以放松一下，升高的坡度可以拉伸到酸痛的小腿
2	8	5	中速跑，再来一次跑步，让你的心肺系统得到加强
2	6	3	快走，你感觉可以控制呼吸了，用毛巾擦擦要留下的汗
5	5	0	逐渐放慢速度，感觉心率和呼吸频率逐渐恢复正常

如果你不喜欢用跑步机，也可以将上述的训练计划和原则应用于椭圆仪、固定自行车和台阶训练器等有氧锻炼器械上。

第十六次课外锻炼

本次自我锻炼的重点是胸部、背部和腹部（见表 5-17）。锻炼前可选择自己喜欢的音乐和适合的场地、器械。两个月过去了，这段时间真的不容易，但这一刻也是享受成果的一刻，掀起 T 恤，你也许可以看到肚围缩小，好像有腹肌藏在里面，在饮食方面多增加蛋白质，为肌肉增长提供原材料。继续加油！切记在锻炼开始部分要进行充分的热身套路，在结束部分进行不少于 15 分钟的伸展方式套路。

表 5-17　第十六次 30 分钟力量锻炼计划

动作名称	动作示范	每组内重复数	完成组数	实际完成情况
俯卧撑		8～10 个	3 组	

续表

动作名称	动作示范	每组内重复数	完成组数	实际完成情况
夹胸		10~12 个	4 组	
引体向上		3~5 个	4 组	
仰卧举腿		8~10 个	3 组	
腹斜肌交叉		8~10 个	4 组	
完成后身体感觉	□没有出汗 □身体舒服 □能够忍耐 □身体透支			

第十七次课外锻炼

第十七次自我锻炼的重点是肩部、臂部和背部（见表 5-18）。锻炼前可选择自己喜欢的音乐和适合的场地、器械。切记在锻炼开始部分要进行充分的热身套路，在结束部分进行不少于 15 分钟的伸展方式套路。

表 5-18　第十七次 30 分钟力量锻炼计划

动作名称	动作示范	每组内重复数	完成组数	实际完成情况
拔剑式		10～12 个	3 组	
安全带式		10～12 个	3 组	
辅助双杠臂屈伸		5～8 个	2 组	

续表

动作名称	动作示范	每组内重复数	完成组数	实际完成情况
陆上畅游		10～12个	4组	
滚动如球		12～15个	4组	
完成后身体感觉	□没有出汗　□身体舒服　□能够忍耐　□身体透支			

第十八次课外锻炼

第十八次自我锻炼的重点是腿部、臀部和腹部（见表5-19）。锻炼要保持连贯，减少不必要的组间歇会提高减脂效果。切记在锻炼开始部分要进行充分的热身套路，在结束部分进行不少于15分钟的伸展方式套路。

表 5-19　第十八次 30 分钟力量锻炼计划

动作名称	动作示范	每组内重复数	完成组数	实际完成情况
坐姿勾脚提踵		10～12个	4组	
侧踢		10～12个	2组	

续表

动作名称	动作示范	每组内重复数	完成组数	实际完成情况
弹力带单腿俯身反向飞鸟		8~12个	4组	
侧支撑弹力带转体		6~8个	4组	
元宝式仰卧起坐增加版		10~12个	4组	
完成后身体感觉	□没有出汗 □身体舒服 □能够忍耐 □身体透支			

第十九次课外锻炼

本次自我锻炼的重点是胸部、背部和腹部（见表 5-20）。男生可以挑战一下高难度动作，但如果感觉有困难，切记动作的质量和数量才是关键。在锻炼开始部分要进行充分的热身套路，在结束部分进行不少于 15 分钟的伸展方式套路。

表 5-20　第十九次 30 分钟力量锻炼计划

动作名称	动作示范	每组内重复数	完成组数	实际完成情况
俯卧撑		8~10个	4组	

续表

动作名称	动作示范	每组内重复数	完成组数	实际完成情况
仰卧飞鸟		10～12 个	4 组	
引体向上		3～5 个	4 组	
双踢腿		8～12 个	3 组	
腹斜肌交叉		8～10 个	4 组	
完成后身体感觉	□没有出汗　□身体舒服　□能够忍耐　□身体透支			

第二十次课外锻炼

第二十次自我锻炼的重点是肩部、臂部和背部（见表 5-21）。胜利在即，可以稍微犒劳一下自己。切记在锻炼开始部分要进行充分的热身套路，在结束部分进行不少于 15 分钟的伸展方式套路。

表 5-21　第二十次 30 分钟力量锻炼计划

动作名称	动作示范	每组内重复数	完成组数	实际完成情况
弹力带肩袖外旋		10～12 个	4 组	
弹力带肩部侧平举		10～12 个	4 组	
肱三头肌颈上屈伸		10～12 个	4 组	
陆上畅游		10～12 个	4 组	

续表

动作名称	动作示范	每组内 重复数	完成 组数	实际完 成情况
滚动如球		12～15 个	4 组	
完成后身体感觉	□没有出汗　□身体舒服　□能够忍耐　□身体透支			

第二十一次课外锻炼

　　第二十一次自我锻炼的重点是腿部、臀部和腹部（见表 5-22）。跳箱是一个有挑战性的技术动作，完成过程中要注意安全，如果没有跳箱，可以用蛙跳或跳台阶来代替。切记在锻炼开始部分要进行充分的热身套路，在结束部分进行不少于 15 分钟的伸展方式套路。

表 5-22　第二十一次 30 分钟力量锻炼计划

动作名称	动作示范	每组内 重复数	完成 组数	实际完 成情况
骨盆卷动		10～12 个	4 组	
侧卧大腿内侧勾脚 侧抬腿		10～12 个	4 组	
跳箱纵跳		6～8 个	4 组	

续表

动作名称	动作示范	每组内重复数	完成组数	实际完成情况
侧支撑弹力带转体		6~8个	4组	
腹斜肌交叉		8~10个	4组	
完成后身体感觉	□没有出汗　□身体舒服　□能够忍耐　□身体透支			

第二十二次课外锻炼

本次锻炼以有氧锻炼为主,在跑步机上进行,可以提升肺活量(见表5-23)。你走得越快,所消耗的能量就越多。经历以上阶段,这时候你也许能很轻松地在跑步机上跑步了,注意保持好的身体姿态。切记在锻炼开始部分要进行充分的热身套路,在结束部分进行也要进行不少于15分钟的伸展方式套路。

表5-23　30分钟消耗热量计划4

持续时间(min)	跑步机速度	坡度	速度(用身体感觉反映锻炼强度)
5	5	0	匀速散步,5min后身体发热,也许需要脱件衣服
2	6	0	慢跑或快走,感觉很舒适,可以和朋友交谈,但有点喘
2	8	0	中速跑,身体感觉有一定负荷,和人交谈有点费力
2	6	0	慢跑或快走,感觉很舒适,尝试加大步幅
2	10	0	快速跑,尽力冲刺一样,全身心关注在跑步上
2	6	3	慢跑或快走,尽量冲刺后间歇好舒服,汗开始流出来了
2	8	5	中速跑,升高的坡度会使大腿感觉有点酸
2	10	3	再一次冲刺,这次比第一次负荷大,感觉有点疲劳,不过你可以战胜自我
2	6	8	快走,终于可以放松一下,升高的坡度可以拉伸到酸痛的小腿
2	8	5	中速跑,再来一次跑步,让你的心肺系统得到加强
2	6	3	快走,你感觉可以控制呼吸了,用毛巾擦擦要留下的汗
5	5	0	逐渐放慢速度,感觉心率和呼吸频率逐渐恢复正常

如果你不喜欢用跑步机，也可以将上述的训练计划和原则应用于椭圆仪、固定自行车和台阶训练器等有氧锻炼器械上。

第二十三次课外锻炼

本次自我锻炼的重点是胸部、背部和腹部（见表5-24）。女生用高位下拉替换引体向上动作。切记在锻炼开始部分要进行充分的热身套路，在结束部分进行不少于15分钟的伸展方式套路。

表5-24　第二十三次30分钟力量锻炼计划

动作名称	动作示范	每组内重复数	完成组数	实际完成情况
俯卧撑		8～10个	4组	
仰卧飞鸟		10～12个	4组	
引体向上		5～8个	4组	
双踢腿		8～12个	4组	

续表

动作名称	动作示范	每组内重复数	完成组数	实际完成情况
腹斜肌交叉		8~10个	4组	
完成后身体感觉	□没有出汗 □身体舒服 □能够忍耐 □身体透支			

第二十次四课外锻炼

第二十四次自我锻炼的重点是全身综合（见表 5-25）。这是我们最后一次自我锻炼课，恭喜你完成三个月的锻炼，你获得的不仅是健康的身体，还有自律的品行。切记在锻炼开始部分要进行充分的热身套路，在结束部分进行不少于 15 分钟的伸展方式套路。

表 5-25　第二十四次 30 分钟力量锻炼计划

动作名称	动作示范	每组内重复数	完成组数	实际完成情况
侧踢		10~12个	4组	
弹力带单腿俯身反向飞鸟		8~12个	4组	
侧支撑弹力带转体		10~12个	2组	

续表

动作名称	动作示范	每组内重复数	完成组数	实际完成情况
陆上畅游		10～12 个	3 组	
滚动如球		12～15 个	3 组	
完成后身体感觉	□没有出汗　□身体舒服　□能够忍耐　□身体透支			

　　恭喜同学们完成了 24 次课后体适能训练，经过 3 个月的持续锻炼，相信你的身体已经发生了巨大的变化，对比一下之前和现在的形象，一切付出和汗水都是值得的。当然你所收获的绝不仅仅是美丽的外形，还有内在健康的身心。

第三节　训练后的营养膳食建议

　　若要练得好，必须吃得好。科学饮食和科学训练一样重要。对健身者来说，从相对严格的饮食中合理地摄取营养，是增长肌肉和健美体格的先决条件和保证。若没有充足而合理的营养给身体"加油"，训练便如同无本之木，无源之水。不仅于生长无益，甚至适得其反。

　　健身者应以蛋白质为主，碳水化合物次之，少脂肪，足量饮水，适当补充维生素和矿物质。关键是保持平衡，不能厚此薄彼。

一、进餐的时间和结构安排

　　无论吃什么，怎么吃，何时吃，目标是增肌，还是减脂，有一条总的原则必须遵循，那就是"膳食平衡"。也就是说哪种营养素都不能缺，而且既不能多也不能少。制订一个完整的饮食计划不仅要正确地选择富含蛋白质、碳水化合物和脂肪的食物，还要保证维生素、矿物质以及水的摄入量，只有这样才能有利于肌肉的增长。对于健美者来说，人体所需营养中蛋白质的比例约 30%～35%，碳水化合物约 55%～60%，脂肪约 10%～15%。

为了源源不断地给身体提供养料和能量，健美者应尽可能地将一天的饮食分成多次摄入。每隔 2～3 个小时进餐一次，最低限度也要 5 餐。三餐中间可以增加水果或奶制品，这种按时的连续性的热量输入可以加快身体的新陈代谢，更有效地利用这些热量，而不至于将它们作为脂肪储备起来。要使肌肉块不断增长，关键是掌握好蛋白质的日需量。因蛋白质在体内需要 2～4 个小时才能被消化吸收，所以一次不能摄入过多，这也是健美者每天要按时多餐的一个重要原因。

现代中医理论认为人体和食物都是分阴阳的，如果一个人体质偏寒，体现出畏寒、体虚、少动的症状，体内没有足够的能量产生热量，这样很难使身体内的脂肪燃烧起来。这也解释了为什么相同环境下的同学吃一样的食物，但胖瘦却不同的原因。若要增肌减脂，我们应该多吃阳性的食物，如植物种子、豆类、根类和牛羊肉等，少吃反季和异地水果蔬菜，夏天不要贪凉饮料和啤酒，滋养我们的脾胃会对除湿生肌有很大帮助。

有些人想要一份"傻瓜"食谱，每天按食谱上列出的食物烹饪和饮食即可，但事实上这很难做到，由于每个人的烹饪技术、习惯、地区和季节以及可购选的食物是不同的，且每一个人的口味和体质不同，又使我们饮食的效果不同，所以在这里仅能提供各营养素的分析。你可以根据自身情况变换搭配，饮食的选择开始的时候会使人头疼，但随着身体变得越来越健康，人们会更有兴致投入其中。

二、摄取足量蛋白质

营养专家一直把蛋白质视为"锻炼肌肉的基石"，因为它既能起到修补被建设性破坏的肌纤维，又是肌肉组织增生的主要来源，此外还有提高胰岛素敏感性等诸多功效。可以说没有蛋白质，肌肉的增长无从谈起。

健身者每天每千克体重至少要摄取 1g 蛋白质，而对于要增肌的健美者每天每千克体重需要摄入 2.5g 蛋白质，依这个基数计算，一位体重为 80kg 的锻炼者每天需要摄入 80～200g 的蛋白质。虽然蛋白质对人体非常重要，但也不能过量服用蛋白质，一旦你一天摄入量超过了每千克体重 4.5g 的话，非但于肌肉增长无益，还会给体内的正常代谢和健康带来一系列副作用。蛋白质代谢产物为酸性，会使肝、肾负担增加，导致肝和肾肥大并容易疲劳；大量补充蛋白质可导致机体脱水、脱钙，引发痛风以及骨质疏松；而且蛋白质对水和无机盐代谢也不利，有可能引起泌尿系统结石和便秘；此外，高蛋白食物常伴随高脂肪和高胆固醇，会增加动脉粥样硬化和高血脂的危险性。所以，建议健身者正常和均衡摄入日常食物即可。

三、碳水化合物是主要的供能物质

碳水化合物是由碳、氢、氧 3 种元素组成的，是机体取得能量的最主要来源。碳水化合物可以节约体内蛋白质供能，从而消除大量蛋白质代谢带给肝肾的负荷；同时可以产生抗生酮，防止酮血症和酮尿症并且有解毒作用；运动中适量补充糖分可提高血糖水平并提高运动能力，维持较高的糖氧化速率，延长运动的耐力，同时延缓疲劳的发生。运动中，应每隔 30 分钟就补充 30 g 左右糖分，多采用少量多次食用含糖饮料或易消化食物等；运动后补糖可以促进肝脏和肌糖原储备的恢复，缓解疲劳，促进体力恢复，运动后补糖越早越好。

碳水化合物适宜摄入量为总热量的 55%～65%，比较健康的碳水化合物主要来源于五谷类、豆类和根茎类食物。我们吃起来觉得比较甜的食物虽然也是碳水化合物，但其在肠胃内消化特别快，迫使人们不断进食，从而带来过多的热量转化成脂肪堆积起来。由于晚间睡眠后人体活动比较少，人体不需要过多能量，所以晚餐建议减少碳水化合物的摄入比例。

四、健康脂肪不可缺

相当多的人畏脂肪如虎，其实大可不必。脂肪对于保持机体的正常运转是不可或缺的，脂肪不仅能提供能量，改善神经关节功能，为血液提供所必需的脂溶性维生素，还有助于维持促进合成类激素的功能，其中特殊脂肪酸还是人体细胞的基本成分。如果不摄入脂肪，人体会自我保护而减少体内储藏脂肪的分解，这也是为什么许多节食减肥的人们经过一个月左右飞速减重后，体重就很难降低的原因。

有些人可能会提出异议，说以前在相关书籍或杂志上看到过脂肪的坏处。确实，脂肪所含的热量要比其他营养物质大得多，1g 脂肪所含热量是 9 000 cal，1g 碳水化合物或蛋白质只含有 4 000 cal 的热量，所以有些人认为只要饮食中控制住脂肪的摄入就可以减肥了。事实上脂肪在体内消化的时间需要 4 个小时，而我们感觉可口的甜食却仅需要半个小时就在胃内排空了，人们会不自觉食用更多的碳水化合物，过多的糖原就转变成脂肪囤积在体内了。饱和脂肪和反式脂肪是人类健康的杀手。由于饱和脂肪和反式脂肪会增加心血管的发病率，对动脉造成伤害，大大降低训练效果，所以必须严加控制。饱和脂肪主要存在于比较肥的肉类食品中，反式脂肪通常存在于加工过的产品中，如饼干和烘焙食品。

对于健身者和减肥者来说，应该多食用含有 ω-3 的不饱和脂肪的食物，这样的脂肪流动性好，不易凝结，可以促进脂肪代谢，降低肌肉分解，减少关节的耗损，以及改善人们的心情和神经兴奋度。含有 ω-3 最丰富的食物是亚麻油，我们可以将冷轧的亚麻油放在冰箱内保存，食用时直接抹在面包上或和水果、蔬菜拌在一起食用。如果不喜欢亚麻油的味道，或者在旅途中不方便，可以服用亚麻籽油胶囊。

五、维生素和矿物质无可代替

维生素和矿物质均属微量元素，虽然它们不能产生人体所需的热能，却有着无可替代的重要生理功能。对健美者而言，无论是肌肉的增长或耐力的提高，都需要维生素和矿物质才能完成。

维生素有水溶性维生素和脂溶性维生素两种，前者可调整体内热能、蛋白质和氨基酸的代谢，后者是产生激素的重要物质，而雄性激素可在进行高强度训练时帮助肌肉产生极度收缩。

矿物质有"健康的源泉"之美誉。比如，钙不仅是强壮骨骼与牙齿所必需，而且对于心跳的调节、血液的凝结、神经的传导、消除紧张以及防止失眠均有助益。补充的方法是多吃牛奶及乳制品，还可服用钙的补剂。钠与钾不仅有助于维持细胞腔与体液间的水分平衡和血液中的酸碱度，还能将神经反应于外表的刺激信号传送给肌肉。全身肌肉包括心肌都受钠与钾的影响。蔬菜、糙米、橘子、香蕉等都是钠和钾的天然来源。镁可以维持肌肉弹性，对神经机能有益，还能促进碳水化合物与氨基酸代谢酵素活化。富含镁的食物有绿色蔬菜、黄豆、坚果、玉米、苹果等。

此外，像铁、铜、锌、锰、碘等，虽然人体对其需求量有大有小，但对维持人体的健康，保持肌肉组织和血液的平衡，都有着不可替代的作用。

六、增加纤维素的摄入

对于健身者而言，所摄入的蛋白质和热量越多，纤维素的需求量就越大，所以纤维素不仅是必需的，而且需要很大的量。这种不可消化、不含热量的纤维素，不仅可以增加食物的体积，使高密度的食物（如肉类）更易消化，还能帮助机体从同等体积的食物中吸收更多的营养物质。

纤维素的摄入量每天应维持在 30 g 左右，理想的水平是 40 g。尤其在摄入高热量食物时，标准量还应调整得更高些，增加纤维素最好的办法是多吃水果、蔬菜以及富含谷皮或全谷物的食品，如燕麦、全麦面包等。

七、水的力量

人体内的水约占体重的 60%～70%，是最重要的合成代谢成分之一，也是输送矿物质的载体。水把营养和氧气带入血中循环，并最终进入肌细胞，它不仅对调节和保持人体体温起着十分重要的作用，还能稀释、溶解和消除代谢产生的毒素和废物，避免其破坏人体的免疫功能，从而促进肌肉的恢复和生长。

大多数健身者可能十分专注于锻炼，而忽略身体缺水的信号，进而导致体力迅速下降。我们应时刻提醒学生在训练间歇中保持小口饮水的习惯。我通常会鼓励学生带一个暖水杯，里面装上温白开水，而且水中最好加入适量盐和糖，自制的电解水可补充因出汗而带走的大量电解质。提醒大家不要多喝含大量糖的可乐、冰茶、果汁、咖啡等甜味饮料，因为这些过浓的饮料不仅没有真正给身体补充水分，还会带走身体内存储的水。

养成经常补充水分的习惯还有利于减脂塑形。人体有时会将渴的感觉当成饿，这是因为大多食物中也含有水分，当我们摄入食物时也会消除令人饥渴的感觉，但这样会带来额外的热量，所以在要吃东西前，先喝一点水，确认身体是缺水还是真正需要营养。

在饮水环节上，过程比结果更重要，希望大家能在锻炼过程中，把补充水分变为自己的习惯。

八、关于运动补剂

补剂是健身者很重要的营养补充，不少健身者错误地把补剂视为训练成功的关键，实际上它仅仅是补充营养不足，而非灵丹妙药。目前市场上的补剂有蛋白类、肌酸类、氨基酸类等，可谓"五花八门"，各具功效。不过选择补剂时，必须选择高质量的，且有计划、有针对性，合理地使用，才能达到预期效果。这里再次强调，刻苦的训练和自然食物才是健康身体的坚实根基。

 作业与思考

作业：结合教材所给的周期锻炼建议，自我执行 3 个月的健身计划，要求将前后对比照片和体重、腰围等数据发送给教师。

思考：根据自身情况该如何调整和改善饮食习惯呢？

参 考 文 献

［1］全美篮球体能教练员协会. NBA 体能训练［M］. 北京：人民体育出版社，2005.

［2］［美］乔治·克洛伊斯. 清晨 8 分钟［M］. 天津：天津科技翻译出版公司，2002.

［3］［英］马克·韦勒. 力量与肌肉训练图谱［M］. 济南：山东科学技术出版社，2009.

［4］苏培华. 健美图典［M］. 北京：北京体育大学出版社，2005.

［5］［英］乔安娜·霍尔. 锻炼圣经［M］. 北京：中国轻工业出版社，2005.

［6］张先松. 健身健美运动［M］. 北京：高等教育出版社，2005.

［7］陈方灿. 运动拉伸实用手册［M］. 北京：北京体育大学出版社，2008.

［8］［澳］格伦·卡德维尔. 运动营养金标准［M］. 北京：人民体育出版社，2010.

［9］Michel J. Alter. 牵伸训练［M］. 刘卫军，袁守龙，译. 北京：北京体育大学出版社，2007.

［10］娄琢玉. 娄琢玉健美世界［M］. 北京：世界图书出版公司，2001.

［11］黄志基，李娜. 泡沫轴肌肉筋膜自我康复锻炼法［M］. 北京：北京体育大学出版社，2011.

［12］吴振巍. 普拉提［M］. 北京：北京体育大学出版社，2011.

［13］黄志基，李娜. 时尚塑身·弹力带运动［M］. 成都：成都时代出版社，2009.

［14］［美］布拉德·舒斯菲尔德. 28 天完美形体塑造［M］. 北京：高等教育出版社，2008.

［15］李文川. 空乘形体训练［M］. 北京：中国民航出版社，2015.

［16］张桂兰. 形体训练［M］. 北京：国防工业出版社，2016.